太极拳典藏

原道

太极拳拳理义解（下）

曹树人　倪侠杰　著

人民体育出版社

张三丰

王茂斋宗师

吴鉴全宗师

杨禹廷宗师

李成恩师父

上净下慧师父

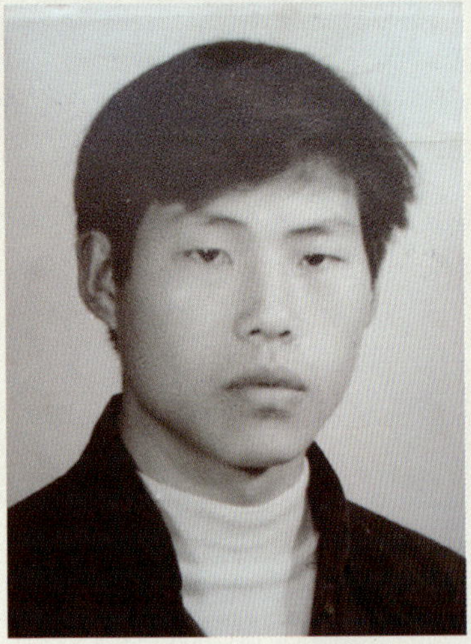

作者1984年在李成恩老师门下学艺三年满师

作者2012年冬于黄梅四祖寺依止上净下慧师父参禅时摄

开合鼓荡

太极大刀

八卦太极拳

武当太极剑

太极拳典藏

原道——太极拳拳理义解（下部）

曹树人　倪侠杰　著

人民体育出版社

导 读

本书旨在解析太极拳功法功理。是以吴式太极拳为范本，希望通过套路图解、行功理论两方面，能够较为详尽地说明太极拳学的运动规律与正确的行功方法。具体内容分为九卷。

第一卷太极拳道法理。首先追本溯源，简述吴式太极拳的起源、历史沿革、祖师先贤，可使读者了解吴式太极拳之历史与代表人物；继而分析阴阳法理与自然万物生化、运动规律，学者可因此了解太极拳道之阴阳哲理，然后再通过对太极拳重要经典《太极拳经》《阴阳诀》《十八在诀》《授密歌》的如法合理诠释，昭示拳学纲领，使读者可在理论上渐趋入境。

第二卷太极拳基础内功。通过图解具体功法，介绍入门乃至贯穿始终的拳学基本心要（调身法、调息法、气沉丹田法理）。

第三卷太极拳基本法理。从基本手型与步法开始，进一步对太极拳圆运动的法理、八方线的本义、人体三线学说加以详尽说明。功法上细致入微地阐述了无极桩功的功理功法，使读者完全可以由此对太极拳从理论上的认识而逐步进入感性的实践中去，从而体会到太极拳法有益身心的奥妙所在。

第四卷太极拳学百论。用大量的文字和图片从不同角度阐明武术拳理及行功法要。读者可以由此而获得进一步的理论指导。

第五卷太极拳学名词释义。是用词典式的文字形式，释析太极拳练习中的相关名词，对练拳有具体的指导意义。

第六卷练功心语。分两部分：学拳练功问答部分，是作者和学者之间有关太极拳法的往来书信摘录；悟道心语部分，是作者个人练功体会的笔记摘录，于中可以了解作者个人练功及授拳的思想认识。

第七卷歌诀释义。是作者对拳理的歌诀式诠释。包括《太极拳体用歌诀释义》《太极拳道行功诀释义》以及无极式、太极式具体功理功法的文字图解。

第八卷是传统吴式太极拳 83 式逐势动作的详细图解，以大量图片标明动作之间的连续及转换关要。文字说明部分从三个方面诠释法理：一、姿势动作；二、神意运使；三、行功（法理）释义。每式后再附上一篇拳法理论研究文章，阐述法要，助学者悟入拳境，名为练功要言。

第九卷古典拳论选编。是作者选编的历代先贤关于太极拳学法理的重要典籍原文：《太极拳论》《十三势歌》《十三势行功心解》《五字诀》《走架打手行功要言》《太极轻重浮沉解》《太极行功说》《敛神聚气论》《八法秘诀》《太极图说》《心印妙经》《心经》共十二篇，是登堂入室者必修之途径。

最后是回忆授业李成恩先师的文章。

序 一

中原乃黄帝故里、中华文明发祥之地也！历代逐鹿，武风最盛。但自明清交替，其道衰微；直至道光年间，吾仇公（玉书）先师，上承祖业，武功仁德，播于天下，更以“以德施教，有教无类，广结善缘，培育英才”为宗旨，振扬宗风，得英才而培育之，门人弟子遍于天下，中原武学乃重为兴举！祖师一生授艺，因材施教，并无秘与玄虚，晚年更将祖传拳谱辨正去伪，乃有《武备纪略》传世。故知武非文不足以载道，文章所以为载道之器也。春岭自幼从父开蒙，再学于鲍忠功恩师之门，六十年矣。而六十年耳濡目染，深知拳学法理对学人之要紧。树人师弟多年参学悟道，今乃将四十年所得形诸笔墨，是真得三丰祖师“欲天下豪杰延年益寿”之心，真欲树人也！故为之序曰：

无极者，含藏万有，乃宇宙太虚之同体，万物生化之本原。太极者，孕育阴阳，为天地乾坤之原始，万物运动之法象。太极拳者，所以明本原之理而体法象之义，期与法象仿佛而与本原契合，以入自然自在之境，复返我天真之性海，出入彼有无之心田；言为法，统为意，摄为心，显为形，而无可无不可者，皆方便解说之喻也。

故知太极者，实自然自在之道要；太极拳者，乃回归自然之法理。学者果能依法合理而行，自必可心契而道至！

岁次甲午夏月　开封培英武术研究会 贺春岭 序于开封

（贺春岭先生是河南武术名家，开封培英武术研究会会长，培英武术四世 ）

序 二

易有太极，是生两仪；两仪生四象，四象生八卦。以此生生不息的自然规律为基础法理之太极拳学是我中华民族的宝贵文化遗产，传统文化底蕴与武术精髓交相辉映数千年，妇孺皆知。太极这一概念，孕育了儒学、道教等中华文化流派，万物循环阴阳理性，知一理通百理。拳理拳法合乎太极之理、术数之变，拳道法乎自然、合乎圣贤大德之教。立身中正为之恭，顺天爱民为之敬，一切无为，洎乎自然。

作为一种运动形式，太极拳是形质完备的，其强身健体、修身养性、延年益寿之功效，显而易见，故老少皆宜。太极拳历史悠久，内容丰富。其学说囊括了自然科学（天文地理）、人文科学（情感逻辑）、生命科学（生理心性）诸多领域，其思想行为广泛涉及军事、艺术、哲学、心理及社会学等。在我国家喻户晓，习练者之众、分布之广、受益人群之多，堪称世界运动之最。

作为武林同道，我与作者在少年时期便已相识，故深知他多年来潜修佛道、精研太极拳之非凡造诣！更知其为承传传统武术与太极文化，为让更多的人通过太极强身健体，将拳术内修不轻传之密意发于毫端，心得妙用集数十万言，欲使学者能有所借鉴、有所感悟，其功自不待言，而知其心既平且和焉！故乐为之序。

河南省南阳市武术协会常务副主席
南阳市体育局青少年体育科科长
王燕燕　序于2013年5月26日

序 三

三十多年前，我和树人师弟就常在一起练功并探讨拳法。那时我们的师父都还健在，树人的师父李成恩是我的师叔，他家在乡下。每逢他从乡下步行二十几公里来到市区，也总会找我的师父徐绍德聊一阵子。两位老师那时都已年逾古稀，不但眼不花、耳不聋，而且谈起武术来，往往语惊梁柱，声震屋瓦，令我们这些晚辈后学既是羡慕，又是自豪。

光阴似箭，老师们都已驾鹤西游，而我们这些当年的小学徒也已垂垂老矣！庆幸的是我和树人，还有一些师兄弟，总算还盘练着师门功夫，数十年来未曾间断。树人师弟更是在练功之余，著书解说先辈所传武学法理，期传圣贤遗教于身后。 正所谓：人灭道亦不灭！如是而已。

南阳师院　冯振宇　2013 年 5 月 9 日

（冯振宇先生为南阳市武协常务理事，南阳武术文史研究会秘书长，南阳市少林武术馆技术总监，南阳市培英武术馆副总教练）

序 四

曹兄失踪了快一年，忽然有信来，要我为他的太极拳专著写篇序言。这倒难住我了，我说我是八卦门的，我没学过太极啊！曹兄说没学过不等于不懂。八卦和太极哪个不是武术？我说我该说啥？曹兄说你想说啥就说啥，最好说些难听的，让学太极拳的人都清醒清醒。我说胡说八道我在行！

回顾太极拳的历史，有让皇帝倾心的张三丰，有让王公低头的杨露禅，也有学者宗师武禹襄，还有武道圣者孙禄堂；教拳的有传道授业的，有教拳自娱的，有养家糊口的，也有争名夺利的；学拳的有汉奸、有学者、有烈士。现在太极拳风行海内，声名显赫，如日中天。中国武术还有哪个拳种的学人比学太极拳的多？还有哪个拳种的理论体系比太极拳更完备且精深的？还有学习哪个拳种比学习太极拳更能让人自高自大的？还有哪个拳种演绎得比太极拳更神秘的？还有哪个拳种成就的纸上谈兵者比太极拳更多的？还有哪个拳种出的大师比太极拳更多的？还有哪个拳种的经典被人曲解得比太极拳经典更甚的？还有哪个拳种流派之间四分五裂比太极拳更厉害的？答案只有一个：没有！说句笑话，就连已传播了两千多年的佛教，信徒之众也远远赶不上太极拳。这些问题都说明，一，太极拳是个好东西；二，太极拳能成人也能毁人！

太极一词最早见于《易·系辞》“易有太极，是生两仪”，旨在解释天地万物演化的自然规律。太极拳应是以此为理论基础，崇尚道法自然，练法上切身体会发掘人体的潜能，以身同太虚的思想、舍己从人而随曲就伸的运动特点，而达知己知彼、百战百胜，所谓制人而不制于人的拳术目的。因为理论的高尚性，很容易使太极拳学者用想当然的思维方式去理解诠释练习太极拳，所以当代的太极拳大部分已经成为“玄门内功”“玄坛学说”了。我希望太极拳的学人：真正理解、踏实用功，自然能得真实利益！也免得被人说长说短，辱没了祖先声誉。

甲午秋月 李京华于北京

（李京华先生为当代武学名家，北京八卦掌研究会常务副会长）

序 五

《太极拳经》上说：太极者，无极而生，动静之几，阴阳之母也。所以正确练习太极拳，可以在动静之间参悟隐、现的玄机，于有无之时把握阴、阳的变化。而遵循太极拳舍己从人的体用思想原则，则可以放下自我身心的包袱，使肢体更加协调柔顺，心神越发轻柔温和，精神自在而轻松。延年的事情虽一时无法证明，而疗疾的功效却显而易见。

20世纪初宛东周家寨周伏波先师曾到北京从杨健侯老先生学得太极拳法，后来于30年代创建南阳国术馆，其间也教授太极拳，这当是太极拳法在南阳最早的流传。先师朱老夫子（云燕）在世时曾说：太极拳是功夫中的功夫！我也有幸多次见到先师演练太极拳法，可惜那时年少，未能领略拳法的奥妙，没能穷究其法理。先师一去而太极拳在南阳即成广陵散矣！

所幸树人师兄与时乃师弟，多年来广参博学，四方请益，于太极拳理多有发明，今成此太极拳专著，可说是承前启后，也足以告慰诸位先师了！

钟春丽　癸巳初夏序于古宛城

(钟春丽女士为南阳培英武术馆馆长，南阳武协常务理事)

序 六

拳学经典上这样说，天地是一大太极，人身是一小太极。人既为太极之体，不可不练太极之拳——由此可以知道，拳术的形式虽然只不过是举手投足这样的微小，但它所蕴含的哲理和天地自然的大道是一致的。所谓大如天地，天是尽虚空无限的性德，地是遍法界真实的道理。古时的圣人曾经指出："穷究物理的空性，明了本性的真实，可以直知天命之道！"这句话应该是太极拳术修习的原则吧。

自从20世纪80年代初期和曹树人先生相识，迄今已三十多年了。三十多年来，我们几乎每年都见几次面。伴着年龄的增长，我们这一代曾经十分狂热的武术信徒，热度大都已渐冷却，而树人先生对武术之热爱却有增无减。30多年不间断地练习，不间断地寻师访友，不间断地授徒传教，不间断地探求学问、详尽法理，正是"穷理尽性以至于命"最真实的案例。

圣人"五十而知天命"，现在树人将其"穷理尽性"之体会，形于文字而公诸于世，是真"至于命"矣。

河南省社旗县武术协会 杜学军

（杜学军先生为社旗县武术协会主席）

序 七

南阳曹树人，自幼嗜武，在南阳武术界素有“武痴”之谓。二十余年前，余在南阳地区调研心意六合拳以及各家武术流派时，屡闻曹兄之名，尝自忖道：爱武而至于痴，实乃我辈中人！遂心生感佩。后经同道介绍，遂有机缘相见，谈论武事甚契，大有相见恨晚之意。

树人兄曾拜在民国年间南阳十大武术名师之一李成恩老师门下，习练昆仑派八门站功、五行功及大小字门拳等，深得精义。其好学不倦，成年后曾遍访各地名师，掌握各门派武术拳械套路有200多套。树人兄虽少年失学，却文武不偏。数十年来抄录保存了很多珍贵拳谱资料。彩图《昆仑派八门站桩功》是其恩师贡献给国家的一本造自清代康熙四十年（1701年）的秘本拳谱，他奉师命抄录了两份，一份交师一份自存，原图上交国家，现在也只有他手里仅存一份了。树人兄又曾在南阳图书馆见到南阳武学宗师王守一于乾隆四十五年（1780年）和泗水苌乃周共同编订之《双剑谱》，手抄一份保留，而今原剑谱却已觅无踪迹，此手抄本已成稀世珍贵资料也。

树人兄中年以后渐渐步入内家功夫殿堂，尤其对太极拳用功至深，扎实的功底加上不懈的努力，在太极拳的天地里如鱼得水，对太极拳以及武术的原理有了不同于常人的深刻体认和见解。

一部《原道·太极拳拳理义解》，不仅仅向读者展示了太极拳的法理技术，更饱含了作者浸淫了几十年的练功体悟和真知灼见，初学者藉此可免入旁门，练家子由此亦可提高识见。

是为序。

邓州　马雷石序于甲午年桂月廿六日　主麻夜

（马雷石先生为河南邓州武协主席，心意拳八世传人）

序 八

拳学之道其将衰矣!

其由衰而微,多由拳学法理之不传耳!

不传之因,一则是得之者往往秘不示人,致后学者入门无由;二则是虽不自秘但述不能详,致使学者习学无法。凡此种种,皆为师者不能符应师道之过也。

经常听树人这样说:当老师的要感谢学生。如果没有学生,老师即有通天的本事,又有何益?是学生(当然是好学生)成就并传扬了老师的生前身后名,而不是老师成就了学生的艺业。

几乎没有人赞同他这样的言论及观点,包括学生。

三十年媳妇熬成婆,学生忍气吞声,付出了数以百、千、万计的财物与精力,就是希望有一天自己也成为老师,而得到名闻利养,这样的话,让学生永无出头之日,他如何会愿意?由此可知,拳道之不传亦与师传之道不明确,即不能摆正各自的位置、明了责任有很大关系。

所以当老师的,应该于拳学一道打破法、术之界限,穷尽义理之究竟,于授受之时,知无不言,言无不尽,凡有所教,不别诸类;而做学生的,自应谦虚受教,明白法理之日即为刻苦用功之时。果能如此,则师何感怀于弟子,弟子又何怨于乃师?大家皆是延续道统法绪,何分彼此?树人吾弟树人之心,几人解哉?

为树人书稿序。

傅志远 2013 年 12 月 7 日序于山东莱州

序 九

太极拳术所谓功夫，乃是意、气、力有机结合而表现出之新产物，此物由心神主宰，由气机运化，当机体现，而其本无形声。故拳学之道，所以写意、运气、使力也。

何为写意？意本神识所在，意重则心劳，意大则力僵，意强则气泄。是以用意之法，以轻描淡写为要。写之本身，又含转嫁之意。拳术乃无为无不为之道，既要不执，又须随缘。不执某法则新意可生，随缘应机则无为可期。

何为运气？气者，周旋不舍流通之物，气运则生动，气泄则体重，气之通畅在于其运行顺遂；运者，运其流通之意，自然有引导之功效。

何为使力？使者，派遣之意也，非好用武力之谓也！

这些要求必要契合拳术每一动一静之时，古人称为心法、秘诀，都是老师们轻易不示人或非入门弟子不传的秘密。今树人老弟能打破常规，倾己四十年所学所悟所得之心要公诸于世，自不能与寻常著述一概而论也。

序不成言，只落得感慨万千而已。

李坤于 2014 年 5 月 26 日

(李坤先生是南阳市少年儿童业余体校一级教练员)

序 十

《太极拳论》开宗明义昭示了太极之本质原义：太极者，无极而生，动静之几，阴阳之母也。无极者一物未有也。太初以上，浑浑穆穆、混混沌沌，所谓大浑沌者，即此时也。天地日月人身者皆为阴阳之体。在天地如阴阳消长，有明暗昼夜之分；在日月具消息盈虚，存圆缺变化之象；在人体则别虚实轻重，得引进落空之能。是故先贤言：天地一大太极，人身一小太极。

太极者，乃是阴阳未分而生机已兆，如天地未生时分之机虽动而清气尚未上升，浊气亦未下降。又如受孕鸡卵与未受孕鸡蛋，形体上人莫能辨之，受孕者即为太极，未受孕者即为浑沌无极。我人“上场后，手足虽未运动，而端然恭正之中，其阴阳开合之机，消息盈虚之数，已俱寓于心腹之内……名之曰太极”（见陈鑫《陈氏太极拳图说》）。动则势成阴阳，静则阴阳成势。此所以名太极为阴阳之母、动静之几之理。太极拳行功走架绵绵不断的特性，原本阴阳互抱太极图之阴尽生阳，阳尽生阴，阴不离于阳，阳不离于阴，阴阳相济而生生不已循环始终的哲学义理。

大而无外，极也；小而无内，微也。此语见陈鑫喻太极拳理“放之则弥六合，卷之而退藏于密。其大无外，其小无内。中和之气，随意所之。意之所向，全神贯注。变化犹龙，人莫能测。运用在心，此是真诀”（见《陈式太极拳图说》）。

太极拳学究至深处，则以小见大，所谓“窥一斑而见全豹”。其大无外的意思，乃言有真正道理充塞天地宇宙间，再不会有另一“正道”；其小无内的意思，与佛祖“纳须弥山于芥子”的意思相同，即正道法理在极细微处仍然存在！

余与树人、侠杰曾同受业于李成恩先师门下，今二位师弟书成而问序于余，因浅叙其理，是为序。

南阳李广于古宛城

（李广先生现任河南南阳市武术文史研究会会长）

原　道（代序）

原道的意思就是原本的道，与如来之本来如是义同，是不易的——不容变易或无可替代义；原来就是这样，原来如是，如是而已。

无极而太极，是宇宙间天地万物生化的自然规律之理；太极拳者，以身心究此理而明其义、以身循其法而合其道、完善人格、利益群生之大道坦途也，亦古之明哲所以进贤致圣成佛作祖之所由也。

道是究竟义，理是方便说。非理无以明道，非道无以证理，故拳式者，证理明道之法也。

然则道是原道，理属自然，又何须明与证乎？

道者，古圣先贤之所行也，行之以化万民万物，使舍妄归真，觉秋水澄湛，见天心月圆；今则去圣时遥，所谓人心不古、诸恶将盈，圣人既忧道之不传，又惧天地之降祸，所以设万行方便之门，非证理无以挽世道人心之颓废，非明道无以救天地自然之和气；无缘之慈、同体之悲，幽冥同感！

即此本来不易之原、一无增减之道：古圣虚怀、所以明本，本来无一物也；时人自夸、虚言万法，枯枝亦为树矣。

不管太极拳道对广大人类是多么的重要，也不论极少数太极拳学者把它的地位提得多高，因为世道人心的变迁，毫无疑问它正处于它的末法时代。或许，通过太极学人艰难的努力、无私的奉献，又或许正在走向末日的太极拳道，能闪耀出最后的辉煌？

浅释二位师弟大作聊以代序。

甲午端阳日　临海　杨台跃

总目录

上部

下　部

第七卷

歌诀释义

第一节　太极拳体用歌诀释义

太极拳体用歌诀

练拳意要松，不忘精神领。一团太和气，弥漫身梢轻。
我自求圆满，无须顾彼功。精神意气首，形势连绵随。
遇彼力来侵，左右胯松动。收胯非顶撤，亦非原地松；
松空虚接引，使彼自回攻。敌侵我何难？形圆意空灵。
凡此皆是意，万勿逞力能。对阵场上站，我心悠然平。
搭手不接手，神意要虚灵。接手不接力，四梢本来空。
进身勿使手，使手根基悬。手虽随意去，神入彼骨里。
撤手不撤身，撤身难周全。身形虽有动，意在腰胯松。
进手易成过，贪功至冒进。撤身恐形扁，神散意难圆。
逢彼形势猛，闪正定横中。中定我所依，一羽力不容。
接形不接势，接势被人欺。撵劲不撵形，撵形失中定。
彼若如潮去，我当随势涌。随形不随劲，随劲难变通。
莫起无名火，频使自遭厄。化势不化形，化形徒劳工。
避实去就虚，阴阳要分清。舍从虽有定，自然变化通。
上下一条线，挟势左右转。左右非转身，胯松细细研。
手上松空转，脚下阴阳变。太极生万物，包容一切全。

释义

原文：练拳意要松，不忘精神领。

释义：练习太极拳，先要放松心意，心意放松了，则精神和形体都会随之而舒展；虽然要求的是身体内外的松静，但在放松的同时，不可忘记领起精神！也就是拳经中要求的“虚领（灵）顶劲”，若无精神，那就不是放松而是松懈了，常见有练太极拳的，他们的动作已相当熟练，却往往把注意力都集中在肢体的屈伸上，眼神和心意一刻也不离开自己的形体，弄得浑身不自在，还以为是练功状态中。时间久了，不唯不能达到拳经中要求的“一举动周身俱要轻灵”，拙强的力量也越来越大，这样的练习者大约在半年至两年内可出现不同程度的头痛、失眠，腰背僵困转动不灵，膝关节病……这即是所谓的“意大转拙，工久弥僵”，已与太极拳正途背向而驰。究其因，都是因为不能虚领顶劲，使神意虚悬，鉴微知细。所谓高瞻才能远瞩，从另一方面讲，不管哪种练功方法，目的都是要求得精气神的饱满。做到了松静状态下的虚领神意，即是掌握了练习太极拳的纲领！

原文：一团太和气，弥漫身梢轻。

释义：神领、意松、形舒后，再依理合法行功走架，日久会觉得有一股暖流由局部（主要是手掌）循经走穴，逐渐流布各处，再行功时由根及梢会显得轻灵稳健。例如某一动作极度协调时，一股暖流会自尾闾至夹脊间（上下）突然而又自然地从无到有而贯通上下。此时会有遍体舒泰，精神陡涨，脚下沉稳而又身轻如燕的感觉。常生此感，可使人心平气和，脾气暴躁者可变为谦谦君子……所以称为太和之气。

原文：我自求圆满，无须顾彼功。

释义：凡练拳（行功走架）只应追求自身身形的圆满（即拳经中要求的“无缺陷处，继续处，凹凸处”）与否，没有必要把精神挪去注意他人功力的深浅或用功多少上面；推手较技时尤其要慎此！常见有学者都喜欢论人长短，而不能逐时行动，还有推手时自己并未把周身上下安排好，也就是说并没有得机得势，却去寻找他人的毛病。找到后则变成生拉硬拽……仍然是背道而驰！

原文：精神意气首，形势连绵随。

释义：练功中首先要注意精神和意气的安排。神意充足则身形气势自然连绵相随而不断。这句话也可以这样理解，太极拳即是天机活泼的神意流行，形体动作的屈伸变化是随之行动的。

原文：遇彼力来侵，左右胯松动。

释义：若有力在侵及我身体，只需松腰后收胯（腹沟后撑）即可化解来力于无形。根据来势先松左或者右或前或后。亦可说，练拳时每逢转换必先松腰收胯。

原文：收胯非顶撤，亦非原地松；松空虚接引，彼劲自回攻。

释义：松腰收胯是意念引领形动，很微小。不是形体上主动向前顶接来力，也不是被动地退后躲避。在放松中求空，在空的感觉中虚接来力引向他处。来力既然无法入我身上，自必返攻及己身。身体部位松到空的地步，似有气体化的感觉，即是松空的部位，好像蒸汽一样渐渐蒸发了。

原文：敌侵我何难？形圆意空灵。

释义：来力侵不进我身体之内，是因为我在立身中正的基础上，形体做到圆满；而意念却要使受力处不顶不丢，做到松空虚灵，使来力找不到着力点。这是太极拳技击的高深境界，即《授密歌》中所说“无形无相，全体透空”的地步。可化人、发人于无形。

原文：凡此皆是意，万勿逞力能。

释义：这些全都是大脑支配下的意念运动（为主），千万不可逞力用强(此句极重要)。

原文：对阵场上站，我心悠然平。

释义：临阵较技或对敌，务使内心平和，神态悠然，始可能尽其学而致用。此是告诫！要求！

原文：搭手不接手，神意要虚灵。

释义：形体上虽和对方搭上了手，却不能有接手的意思。仍然用意使自己内外都处在冲虚灵静的意境中，虚领顶劲起精神，有高瞻远瞩鉴细察微之神意。

原文：接手不接力，四梢本来空。

释义：即使有了接手之意，也不要接对手身上的劲力。因为力量在双方，好像是一副重担，谁接谁负重，你如不接，他就一直在担着。接手而不接力，开始是松空的要求，能做到即是功夫的境界。把自己安排好（心意无缺陷，神气无断续，形意无凸凹)，做到松空虚静，久之自可达自然不接力的地步。

原文：进身勿使手，使手根基悬。

释义：若是得机得势需进逼或前击，应在保持目前身形的状况下，通过脚下虚实的转变而使整体运动。此时手上不能用力加劲，也不宜变换手势。若手上有力，则必然导致脚下虚悬而不稳，易为人所制，简单说，向前时只能身进，有形而不能有意。这一句也可为“进身不进手”。

原文：手虽随意去，神入彼骨里。

释义：手虽然随身进攻而随意挥之，但引领手势控制、攻击对方的神意，却要通过随意的外形而侵入对方的骨髓深处。这也是拳经的要求："彼之力方碍我之皮毛，我之意已深入彼骨里。"

原文：撤手不撤身，撤身难周全。身形虽有动，意在腰胯松。

释义：若是审时度势而撤回或后移重心，意要随对方而引领形体撤回手势，不能有撤身的意念。否则易致意丢、形扁的病态姿势。如对方趁我主动撤身而乘势进逼，我很难周全防范，即是不易再圆满神形。也可以这样说，进身有意，而不必顾手形，使手有形而不能有意；撤手有意而不必顾身形，撤身有形而不能有意！从互为其根的道理上，有意的进手造成"形于手指"的应用，有意的撤手造成身化来势的机变，不论有意无意，形体上身手都有运动。形成这些运动的指导思想即是松腰收胯。腰松要向外涨，向下沉；收胯要向后撑，向前裹——这是真正的关键！初步是松腰收胯以消化来势，功成后可意念空无，达无形体运动的境界。

原文：进手易成过，贪功至冒进；撤身恐形扁，神散意难圆。

释义：这是重申前意，加重警戒的意思。不该进手时而主动进手，容易产生"过"的毛病。这是心理上因贪功而导致贸然进击造成的；不该撤身时而主动撤身，容易产生"扁"的毛病。形扁则神散，最终使神意形体亦即周身内外都不圆满。

原文：逢彼形势猛，闪正定横中。

释义：若彼来势凶狠，我应避其攻势，偏离对方正中的位置，而从对方来势的横侧，中定我之身形，再寻找以横破直（竖）的机会。这是《十三势行功诀》中说的"敌人逼近来打我，闪开正中定横中"。《乱环诀》也有"手脚齐进横竖找"的明训。关键在于闪开正中的幅度和定横中的方位，当然见机早晚和行动快慢是另一层意义上的要求和功夫。如何正确把握"闪"和"定"？后文将专述。

原文：中定我所依，一羽力不容。

释义：太极拳体用的法则是保持自身的平衡，（自然才能）破坏对方的支撑点（平衡）。支撑八面的中定身法是自我平衡的根本，不能让丝毫外来力侵入；即便是轻如羽毛的重量，主观意识上也不可接受。"立身中正，支撑八面”是拳经中对练拳者身法的一个要求。通过长期的体运心悟，松空到虚灵无相的地步时，就可达到拳经中更高层次的要求——一羽不能加，蝇虫不能落。中定之要在于身前的不丢、身后的不顶，及顶劲的不前不后，所以拳诀云：“退圈容易进圈难，不离腰顶后与前。所难中土不离位……。”按：松空虚无实为实相功夫，无一不符合太极拳经、论及各种行功典要。陈家沟陈氏十六世陈鑫曾说：“……拳以太极名，古人必有以深明乎太极之理，而后于全体之上下、左右、前后以手足旋转运动发明太极之蕴，立其名以定为成宪。义至精也！法至严也！后人事不师古，不流于狂妄，即涉于偏倚。而求一不刚不柔，至当却好者。以与太极之理相吻合，盖亦戛戛乎，其难矣！”（见《陈氏太极拳图说》）。“事不师古，不流于狂妄，即涉于偏倚”这正是今日太极拳界芸芸众生相耳。呜呼！“不刚不柔”，几人知之？李小龙曾说，功夫就是真实地表现自己！一叹。

原文：接形不接势，接势被人欺。

释义：这就是避实就虚的理念。接人进攻，虚接其外形，不能接对方的气势和劲势。因形非实质，又易变化且无力，即使接实也不能冲击我身，况是虚接。而气势、劲势皆有实质内涵，所谓“势不可挡”。若接势则属以力抗力，非太极拳技。彼乘机挟势而来，我只虚接其形，以空虚意引其偏离中正轨道。若迎头而撞，彼有势有力，我则有力而无势，必败无疑。所以说，接势被人欺。

原文：撵劲不撵形，撵形失中定。

释义：彼去我黏粘对方，应随其形而逐其劲意不丢顶。前边说过形不是主质，又多生快变不易控制，还多成假相，诱人上当，所以撵形是舍本求末。况追逐不定之形体，极易破坏自身的圆满（神、形两方面），即失中定身法，成阴阳不调之状态。且形显而劲隐，劲实而形虚，撵劲可以知彼，即通过觉微感细的听劲功夫，可知彼之意图（树人按：撵字在中原字义中有驱逐、追赶双重含义）。

原文：彼若如潮去，我当随势涌。

释义：黏粘之中，对方忽如潮水般隐退，我则以意黏逐其势头，形亦如潮水般接继其势尾，进逼其身，好似漫天大网将彼罩定。此时还不能有摧毁对方之意，仍以黏粘法随其变而逐，待其无可变通，而我已得机得势，始可以一发而定。

原文：随形不随劲，随劲难变通。

释义：这好像和前边说的“撵劲不撵形”矛盾了，其实不然。前边是在舍己从人的宗旨上有意去察知对方，所以要主动撵劲；这是在随曲就伸的要求下，被动地依人行功，所以随形不随劲。同样因上述“形非主质”的意思，当我随人去时随其形，不会对我造成伤害；若是随劲，我亦要贯注劲意，因是被动行为，所以不易变通。可以这样说，同样的形体动作，我意主动时即为撵，撵必撵劲；我意被动时即为随，随必随形！

原文：莫起无名火，频使自遭厄。

释义：应时时处在心平气和的状态中，才能在体用时鉴知细微，触一觉十，应变自然，化发无形。千万不要心浮气躁，致动作带火使气，皆为自杀而无疑。太极拳求的是一团太和元气，人处其间，长养心身，使得大自在！恬淡平和才是真正定基。

原文：化势不化形，化形徒劳工。

释义：如前所述，形势势实，故化实（势）才能解决问题。形虚无所化，也无须化，强化则徒劳而已。也可这样解，化人攻势要顺其形、化其势。

原文：避实去就虚，阴阳要分清。

释义：上述皆是避实就虚的法则。欲达到这些要求，关键在分清周身乃至各处的阴阳。前述之形势、劲意等都是互为其根、相互依靠的。即便要将它们正确地区分对待，也非一日可能。所谓说理容易行理难！纸上谈兵，大众皆能；上场一试，胜负立判。拳经中说：“每见数年纯功不能运化者，率皆自为人制。双重之病未悟尔。欲避此病，须知阴阳……”何谓双重？没有虚实、轻重、快慢、大小、前后，都为双重。无虚实则人立而不能受力，受而即微小之力也必致立足不稳。古话说：“一阴一阳之谓道。”所谓“文武之道，一张一弛”，没有了矛盾的对立，事物就不存在了，这也是丹经中“孤阴不长，孤阳不生”的道理。世上万物因阴阳调和而生，生而即具阴阳两性。古人说：天之道为阴与阳，地之道为柔与刚。太极拳合阴阳刚柔为一体，所以人称之为天人合一之学。离开阴阳，何来太极？谈及阴阳，大多练家不目为玄幻，也道为迷信，此皆无知者也！阴阳学说惠人已久，至今不衰，中医即一明证。何看病可讲阴阳，而练拳者一讲即成虚妄？世上无知者何其多也，一笑 ！

原文：舍从虽有定，自然变化通。

释义：舍己从人虽然是一定的原则，但若修炼到自然而然的程度，不拘于形式原则而能变化，则是成规的升华。

原文：上下一条线，挟势左右转。

释义：把自己的重心放在身体的左侧或右侧使之形成一条垂直线，若遇力来侵，我即挟容来势，身体左右松转，腰胯幅度保持在10°~15°之间。

原文：左右非转身，胯松细细研。

释义：消化来力，不是左右转身，而是在松胯状态下完成的。因来势的方向、角度、劲力的大小快慢不等，所以在胯动时要根据不同情况不同对待。如后撑左右转，下沉，上旋前卷裹等。但应变能力是功夫境地，通晓理论，不加勤习，亦难致用！胯动应是在放松肢体中运行，高级境界仍然是空虚！

原文：手上松空转，脚下阴阳变。

释义：先说说松空。松是要求，空是进境。但松的标准、程度是什么？丝毫不挂力就行。松透了意存空虚，后则有轻灵之体现。太极拳体用：劲意流布手梢后，毫不挂力，所有的姿势变转、进退，全靠腿下虚实、重心（亦即阴阳的变化）来调控和完成。身手均不可有力，有力则气滞。《十三势歌》中明确指出，变转虚实须留意，气遍周身不少滞。是否可这样解：手势的动转是毫无意念的，完全是被动地随着脚下的变转而运动。心意只系于脚下，所以说“手下松空转”。

原文：太极生万物，包容一切全。

释义：太极拳哲理通达万有，包罗万象，一切世间法尽在其中。余曾与友人戏言，太极既能包容一切，为何学者不能容人之短？实是劝其自圆其智，相忍于难耐。不过“大肚能容，容天下难容之事”几人能够？最终仍是一个被佛祖“开颜一笑”的“世上可笑之人”。

佛祖既有“缘起性空”之灵悟，始布“非空非色非有非无，非善非恶”之教化，复传“应无所住而生其心”之妙谛，实欲人人皆具一平常心。奈何世人习练太极拳，常在起源派别上论高低，皆无兼容之心；又多在争强斗狠上参大道。套用一句宋元口语：端的辱没了太极拳！修养何在！犹自诩“吾善养吾浩然之气”…… 奉劝世上练功习拳者，多在包容上下功夫。万勿再背道而驰，致愈去愈远。终生不醒也罢了，一旦中途觉悟而鬓发已苍，真正抱憾终生，悔之晚矣！不过正道法理，玄机深奥，而世上无知者多，诋毁者尤众，故太上感而叹之“下士闻道，大笑之”，何故？“不笑不足以为道！”一叹！

第二节　太极拳道行功口诀释义

太极拳道行功口诀

混沌以来，有物浑成。孕育天地，化生朦胧。因气是转，动静无形；静生无极，动不变异。本是一物，形态不一；唯别动静，充塞天地。行随自然，心明法理；因势利导，疏通气息。六阳高悬，一线穿虚；身随神意，虚空中集。真空妙有，合和天地；太虚遨游，融融乐取。

释义

诀语：混沌以来，有物浑成。孕育天地，化生朦胧。

释义：混沌之为物也，来自无始久远，必待机缘契合，始判鸿蒙。鸿蒙既判，此前于无知无形之中一点生机萌发，此所以为太极来自混沌无极之原始也。而无极之中自然蕴含化生天地的契机，即阴阳生前之物，存在于若有似无之间，感觉朦胧，或曰朦胧如在若有似无之间。混沌亦同无极状也。其具阴阳、自运转、有规律，唯无定规而已。无极之与浑沌，只多一定理。浑沌者，如家无鸡公之母鸡所下之蛋，全无生机；无极者，家有鸡公之母鸡所下蛋也；太极者，母鸡正孵之有鸡公所下蛋。混沌、无极、太极，其形皆一，因意而不同。凡人于无极桩法行之无偏，自会感身体深处有一物萌动，必于深度寂静中方可感应得到。

诀语：因气是转，动静无形；静生无极，动不变异。

释义：无极之初萌，必赖浑沌阖辟时之一阳真气。既萌也随机而运转，外无形声，内无动静，但寓动静开合之质。无极者，乃静极之生机发动，故曰静生无极。其生机发动，孕育天地万物。虽动而形状无异。所谓外寂静而内氤氲，此乃无极桩久练静极所感。初为一团热气自人海底萌生，渐而周流全身，唤醒深潜之神识，是谓培育生机。自然地就有了肢体运动，太极生矣！

诀语：本是一物，形态不一；唯别动静，充塞天地。

释义：太极无极本为一物，只是叫法不同而已，太极如天地蕴生万物，故其包罗万象，形势不同者众多，而原则上只别于动静。其静时体现为无极，动时表现为太极，正所谓万物初生皆负阴而抱阳、冲气以为和。此和气能化生天地万物，自然充塞于天地之间，自然之道也。

诀语：行随自然，心明法理；因势利导，疏通气息。

释义：学拳行功，在心须明自然化生之理，在身自能依止于自然规律。具体的行为都根据形势之不同，依据疏导的原则而以不同的方式促使气血畅通，达到拳道益于人身的要求。行道必合于自然，始无违拗之姿、别扭之相。是为心明法明之必然也。凡有形势必依其势而遂其形，自能获气息疏通之功效（随曲就伸则兆于此也）。

诀语：六阳高悬，一线穿虚；身随神意，虚空中集。

释义：顶意上领虚悬，乃六阳（经脉）畅达之征，自然身躯松空，虚意成空筒柱状。上下不求通而自然通贯，身体自能自由随神意运使，而神意终归要尽集结于虚空中，方无对待之病。此为太极拳行功至关紧要者。顶劲永远不失，自然易立身中正；中线虚贯，必然安舒。守中为拳家之紧要，而中又以“示之以虚”为关键。能虚则中不守而自固。

诀语：真空妙有，合和天地；太虚遨游，融融乐取。

释义：人之身体，力去则能体空，体空则能见性，性明则悟空矣。佛家空色一如，即为此真空妙有。吕祖亦曰：“不迷性自住，性住气自回！”乃是修炼中实际的获益感。含和天地者，得“与天地精神相往来”，随自然合自然，自然得之，如一之谓也。《心印妙经》谓：“神不出身。”与道长久，自能遨游虚空八极，所为者在我而乐取唯一中和而已！《中庸》云：“致中和，天地位焉。”太极拳道只此为归矣。

太极图说铭文

八万四千，根根直立。有一不立，便有物聚。

聚则有我，难寻空意。法身无自，唯存一息。

至息无息，圆妙觉具。我身非佛，佛身有你。

一如如一，自与天齐。

第三节　无极式

无极式是练拳行功的开始。《太极拳经》开篇即指出，太极者，无极而生。所以学太极拳，必须先使自己的身心处于无极状态之中。体察混沌自然孕育生机的所以然，而渐明太极所以出自无极的原理及其心识体感的本意。无无极，自无太极。无极式乃是证明太极所以来自无极的合理之法，是学修太极拳者必知之理，必修之法！缘此而有无极式行功。

相关经典：

自然之道静。故天地万物生。

——《阴符经》

不言无极，则无极同于一物，而不足为万化根本；
不言太极，则无极伦于空寂，而不能为万化根本！

——《朱子语类》

无极，理也；太极，气也。

——《树人心语》

无极式的姿势有别于无极桩，其实也就是放下手臂垂手自然站立而已（图 7–1、图 7–1 附图）。

图 7–1

图 7–1 附图

无极式的思想

当您随意一站——是随意而非随便。随什么意呢？随您对拳术法理的理解要求之意。做什么呢？当先求静！让您的身体和心神包括呼吸都安静下来，然后自然能放下万缘。说万缘太笼统了，其实只要注意在吸气时有没有胸腹腔的肉体组织随吸气而上提的现象、感觉就行，如有，那就在下一次吸气时，留意不要让它们随吸而上提，直到每一次呼吸全身上下内外都无反应时，说明您已暂时做到了深呼吸要求的气沉丹田，自然也就有了下体沉稳的感觉。如是，无极而太极的过渡也就形成了。

无极是因，太极是果，因圆果成，自然之理。

若解为先有无极，后有太极，则无极即不是太极，太极即不是无极，那又何需无极？

理则如此，但真正体会到《太极图说》中“无极而太极”——无极如何即为太极？却要个人寻师求真法去。

桩功行久，可渐觉周身一家。通过不断地放松身体，将手臂肩背上负重的酸累，节节贯串放松释落至脚下的大地之中。这是初始乃至整个站桩过程中分秒不离的内动！站到感觉酸累至极，若还能加意放松坚持，就会渐入佳境，又如突破瓶颈，感到不可思议地轻松下来。相对环抱的臂弯之间，引力渐强，渐成一球体，随之双臂似被微微架托在此处。如果视线（神意）再向高远处外放，则臂膀似又轻松，当脚下找对位置，静极松透又能坚持至一个钟头时，身体整个似被气囊括在一个气场中，此气感仿佛比练拳至极静处时更强（或许是静止于一处之故，全是个人现下一己之体会）。浑身因被殷实包围而感到一种可靠和安全。一微动，觉如球整体晃动。因脚下中正扎稳，从而也有了不倒翁的感觉。体内又似随时都被气场监照，稍有一处疲遏干瘪，即有气分子过去充实。因此身体各处时而微微动荡，保持着整体性的饱满，又挺拔昂立，此时似已物我两忘，目自微闭，渐至冥寂，恍惚之中似与天地浑然一体。如同打坐之时入于初定，此时的脚下由麻木困酸而至毫无知觉。只要无外界干扰，似站多久皆可，只怕贪境难出呢。站桩有了感觉，练拳相应入于妙境，平时走路亦轻松自然，快捷异常。

第四节 太极式行功法

无极式是寂静若一，一如混沌。不同于混沌的是含阴抱阳，形为一团，只没有运动之意及运动之势，只能于定中觉而感之。太极式与无极式形象一般无二，唯因神意相融与自然蕴化物理相感而具生机、萌发动意。虽有运动之意，仍无运动之形。所以《太极拳经》说：太极者，无极而生，动静之几，阴阳之母也！有无之间、动而未形谓之几。几者，征兆也，孕育未分谓之母！因此而生太极式行功，其异于无极式时的“一物无有”状，而自内心深处萌生一团和气渐渐充斥周身。《易》曰“君子黄中通理，正位居体，美在其中而畅于四肢”，指的就是这时的情景。

相关经典：

无极者，真中也，故曰：圣圣相传在此中！此中就是尧舜“允执”之中，孔子“时中之中”，子思“未发”之中，《易》“黄中通理”之中，《度人经》“中理五气”之中，释迦“空中”之中，老子“守中”之中。

——《性命圭旨》

无极而太极！

——《太极图说》

姿势动作：同无极式（图 7–2）。

练功要言：站对位置（松脚入境）。

练拳行功在于安排好自己，首要即在站对位置。站不对位置就找不到感觉，身心不能舒适安逸，勉强行功，难入境中，就是瞎练。瞎练自难为功。站对了自然已在拳境，感觉自然产生，练始有功，身心得安舒轻爽之利。重阳祖师说“身安而虚，道自来止”，即指此意。但如何站对位置？是否有不宜站处？站哪里才叫站对？

图 7–2

其实，世上凡能立足处，皆是好位置，要在你心中放下染著，“一物无所著，一念无所思”（《陈氏太极拳图说》），来做此事。有此认识则站何处有甚区别？此其一理也。语云：举足轻重，意为一举足则关乎轻重！所以当随处一立，即以松脚为入境门径。

找到脚松的感觉，自然美境如图，次第发生眼前。这也是“无极而太极”（见周濂溪《太极图说》）的原理。无极主静，所以行功练拳之前，务要清理身心之杂乱处，而归入寂静之中，于静中可觉己身之中正。能立身中正，则渐能致虚而使身中空虚，虚空中通，谓之得中。守此虚无，谓之守中。得中者，即得机势生发之先兆，即站对了位置！

站桩如何站对位置呢？

把人体简化成三条线，站桩时这条线是垂直在一个立起的平面上的，就是立身中正的形象，这三条线实际就是人体赖以平衡的中心，也是重心所在。

当我们把身体的中心放置在两条下线的中心点位置时，就是站对了位置，因为没有偏倚。要怎样才能很快地找到正确的位置，以便直接进入练功的状态中呢？

人在站立时，脚下实际接触地面并承担体重的位置是大趾后的脚前掌部分和脚后跟中间的部分，因为在脚平放时，这两处较其他地方突出，所以最先接触地面，自然也是最先受力，天长日久，就形成了这两处用力负重的习惯；这两处也就是俗语指的“脚前掌”和“脚后跟”。

阴阳学说作为人类最伟大的文明体系，既揭示宇宙万物本相，亦阐述自然现象真理。这也表现在脚下用力负重上面。单独用前掌或后跟都难以保持长久的稳定，因为没有转换余地，没有阴阳关系，而同时用前掌和后跟就可以根据需要随时任意调控两者之间的关系。向前时则前掌为阳，后跟为阴；站立时，后跟为阳，前掌为阴。阳则负重较大，阴部则少，又因阳负重，所以人之膝部多伤，是运动过了的缘故。腰后也容易不适，如腰脊劳损、椎间盘突出等症，也是负重过多所致。

也就是说，不管用脚后跟还是脚前掌，都会有问题的。不管你怎样善于应用和发挥它们各自的特长，而总是会有导致它们失调的举动。

当你自然站立时，可以试着让身体（包括下肢）整体地前倾，使体重完全压在两个脚前掌上，也就是用脚掌来支撑身体，看之会有什么反应（动作幅度很小，不仔细看是看不出来的）。一般马上就会体会到小腿、大腿的前面部分乃至小腹都会有不同程度的紧张，这是体重通过脚前掌压迫地面而产生的反作用力传送到这些地方的表现，说明站在脚前掌，会使这些地方受力。记住这种体感。同样的，再试着缓缓地把身体重量向后放在脚后跟上，就会感到整个腿的后面，乃至腰脊也有不同程度的紧张感，也记住这种感觉。然后树正身体，缓缓地把身体重量移在我们了知的中心点位置。如果有一个地方让你感觉不到上述两种情况出现，那就说明你处在了一个祥和的状态之中，就是那个位置了。

第八卷

图解吴式太极拳八十三式行功法

吴式太极拳八十三式行功法名称

第 一 节 太极拳起势行功法
第 二 节 揽雀尾行功法
第 三 节 斜单鞭式行功法
第 四 节 提手行功法
第 五 节 白鹤亮翅行功法
第 六 节 搂膝拗步行功法
第 七 节 手挥琵琶行功法
第 八 节 上步搬拦捶行功法
第 九 节 如封似闭行功法
第 十 节 豹虎归山行功法
第 十一 节 左右搂膝行功法
第 十二 节 隅步揽雀尾行功法
第 十三 节 斜单鞭行功法
第 十四 节 肘底捶行功法
第 十五 节 倒撵猴行功法
第 十六 节 斜飞式行功法
第 十七 节 提手行功法
第 十八 节 白鹤亮翅行功法
第 十九 节 搂膝拗步行功法
第 二十 节 海底针行功法
第二十一节 扇通背行功法
第二十二节 翻身撇身捶行功法
第二十三节 卸步搬拦捶行功法
第二十四节 上步揽雀尾行功法
第二十五节 单鞭行功法
第二十六节 云手行功法
第二十七节 左高探马行功法
第二十八节 右分脚行功法
第二十九节 右高探马行功法
第 三十 节 左分脚行功法
第三十一节 转身蹬脚行功法
第三十二节 进步栽捶行功法
第三十三节 翻身撇身捶行功法
第三十四节 翻身二起脚行功法
第三十五节 左右打虎行功法
第三十六节 提步蹬脚行功法
第三十七节 双峰贯耳行功法
第三十八节 披身踢脚行功法
第三十九节 转身蹬脚行功法
第 四十 节 上步搬拦捶行功法
第四十一节 如封似闭行功法
第四十二节 豹虎归山行功法
第四十三节 左右搂膝行功法
第四十四节 隅步揽雀尾行功法
第四十五节 斜单鞭行功法
第四十六节 野马分鬃行功法
第四十七节 玉女穿梭行功法
第四十八节 上步揽雀尾行功法
第四十九节 单鞭行功法
第 五十 节 云手行功法
第五十一节 下式行功法
第五十二节 金鸡独立行功法
第五十三节 倒撵猴行功法
第五十四节 斜飞式行功法

第一节　太极拳起势行功法

无极而太极，是于无极式的深度寂静中，萌生动意（太极式），静极而有形生。《经》云：动之则分，静之则合。分是万物始具其形（万物来自混沌，以形而别于混沌），以无极之本性运太极之生意，一念动则意生形具！所以分者，形与意耳！形实由神气所生，神明而显，故谓之形。形生而依自然变动之理，称为“被动”！老子曰：反者道之动，即指此理。一念静则神寂形灭，复归于一，谓之“静之则合”。合者，合以形意。动之则分者，自无极而太极；静之则合者，太极而返无极。此隐言每动之始于静而归于静。相由心生，心死而神活，神活而明，动静出于自然，则循环无间，生生不已。这是太极拳起势的法理。诸相衍生不绝，绵绵不断，为太极拳起势行功。《老子》说：“天地以其不自生，故能长生。”不自生而能长生，被动自然之道也，亦太极拳运动所本！

第一动　手意入地

姿势动作：与无极式、太极式同（图 8-1、图 8-1 附图）。

图 8-1

图 8-1 附图

神意运使：在同于无极式、形体仍然不动的情况下，首先再做松肩（松肩行功法是使肩的意思离开本体本位而深入地下）。片刻后会觉手掌（或）手指有热涨感时，意想双手的意思离开手臂这个本体而松落入地，愈深愈好。

行功释义：本动纯以意行，而无形动！可以在心中默念数字从 1 至 10 完成过程。每念一数则手的意思向下松沉一次。深浅视放松程度而定，松得愈好，沉得愈深，故无须刻意强求深度！感觉上以全身只剩下双手在地下的意思为得境。可使一人握持行功者手腕，若能感到行功者的腕部较前松柔，即为正确，真能得入松境者，可在无形中使握持者立足不稳。

第二动　双臂平升

姿势动作：双手自身体两侧掌心相对直臂向身前缓缓升起至与肩同宽同高；目视身前平远方（图 8-2）。

图 8-2

神意运使：双手的意思在地下深处渐向身前极远处追逐视线至天地相连处（地平线），这个想法会形成双手臂的自然上升，当升至与肩同高处时，双手即进入视线之中。

行功释义：双手形体的升起这个形式是双手心意活动产生的结果。这个运动是被动的，即双手本体不能有丝毫抬起的想法（即错误的动意）和行为（即错误的主动运动）。其实双手因心意运使的自然被动升起和有意使力的主动抬起，给人的视觉观感几乎没有差异，难以分辨是非对错，关键在自己严格要求自己、恪守行功规矩，于心平气和中体会被动自然的运动带给身体的轻松愉悦感。本式行功心法若无偏差，可觉双手臂如被风托云裹，冉冉自起，毫不用力！整个过程可用数数 1 至 20 完成。用检验法：可使一人站立身前，按住行功者双腕或前臂，所用的力以使行功者在这个地方用力也起不来为好。这时行功者若是主动抬手，即会与按压者的压力相撞，以此时形势，即便他本力大于按压者，也会因处于劣势状态而起不来！但若是依被动行功法则，手的意思自地下追逐视线（或觉自己的手臂变得极长，置于人后）上升，自然能轻松起来，犹同没有障碍。这时切记：只用某一手的意思行功，另一只手无须有意存在，只随另手！

一般人多生对待的思想，总想把面前的人掀翻出去！有了这种想法，即是错误的动意，就会造成出力即主动的现象，即使能起，也是大力破小力，已不是太极拳法理了。外形上双臂自下升起，是个直线，但在心意上则是循一极大圆周环行。此所谓形直意曲！若是双手主动举起，遇到外力时，不免曲肘以力相抵，其形虽弯，其意却直，谓之形曲意直，为错！因太极拳是用意不用力的，形直意曲乃是以意成象，自然是对的！学者区别行功法理的对错即可以此为检验标准！然而形直未必就能意曲，形曲则必然意直！学者宜慎别之！也可以这样理解：凡肢体表现出来的运动形式，主动的即错，被动则正确！

双手的意思在落入地下后，犹如将手放置在两道向前运动不已的轨道上，已不需要再做任何思想支配下的肢体主动行为，运动的是轨道，不是我们的手，手只是手而已，随着轨道起伏转换吧。

第三动 双掌变勾

姿势动作：双臂整体微有上升，至略高于肩头，同时双手自小指起渐次松拢五指，成虚勾状；在此过程中渐渐翻转手臂，形成指尖向下，视线在远处不变，双肘弯有微曲形状（图 8-3）。

神意运使：通过松肩行功（肩头部位的意思松落入地），使肩不再支持五指的舒伸状态，自小指逐一放弃至大指，觉手指乃至手掌都已不复存在。

行功释义：尽管不用力，但手臂的平举仍需肩部力量的支持。本动即是肩部不再支持手掌，而只维持手臂的水平状态，所以只须放松肩部，即可使双手十指渐次松垂成虚勾状。这个过程正常可用从 1 数至 10 渐次完成，即每根手指以单手论数两个数完成。与此同时，神意要继续上领，这会使得整个上体似在腰以下断开并有升腾之感！腰胯的感觉是空空的，下肢愈觉轻松灵便，却又透着沉稳，两条下线的感觉很是明显、清楚。

第四动　双臂前展

姿势动作：在图 8-3 的基础上，双手臂（随意）向身前极远处舒展伸直，周身各处及双手虚勾状不变；仍旧漫视身前无限远处（图 8-4）。

图 8-3

图 8-4

神意运使：神意远瞻，通过松肩行功而使手臂的意思追逐视线远去，形成双手臂形体上的舒展至直臂，然后注意一下自身三条线的垂直。

行功释义：这一动实际是上动神意领起后的余波，双手臂的舒展则是肩部如释重负的结果。所以行功重点是做肩部的放松，双手臂舒展至直时，手和肘都会感到自然的沉坠意境，则已是下一动的开始了，这个过程正常也须从 1 数至 10 完成，此时双手的感觉仍然是不存在的。

第五动　双臂松落

姿势动作：双手臂直臂垂落，至身前方下隅角，即腋下与身体的夹角约为 45°时止；视线向身前远方寄意，他处均无形动（图 8–5）。

神意运使：双臂松落常规有三种意思形成。一是松肩，即只做松肩行功，但须重复不断，每做一次手臂即会相应松垂一点；二是松小指，仍然是不断松小指（小指的意思向下沉入地下），导致形动，直至完全到位；三是吊放空中如有一线系于腕背，徐徐放线使手臂松落。学者可于三法中择一符合己身条件的勤加练习，无论如何做，神意均要向上领起，以便于保持人体三线的垂直。

图 8–5

行功释义：此动数数则从 1 至 10 完成，松落过程中不可使肩背以及上臂有被拉拢或负重的紧张感。所以要时刻把握松肩及神意的上领，才能体会由松至沉的被动自然松落。又，只可以身体来感知手臂的放松下落，不能以目随视，运动幅度以前臂上方肌肉的紧张感逐渐消失为度。隅位转换是拳路行功的特点，整体转至隅位时，如本动定势，易于感受到松空，换言之即不易出力，不出力即在松境！

第六动　双手变掌

姿势动作：身与手臂不动，双手自食指开始向身前下方伸展，依次中指、无名指、小指，最后展开大指，保持虎口圆撑，形成掌形，左右手大指指向左（右）侧隅位，其他四指指向另侧隅位（如大指向东北，四指则向东南）；视线仍向身前极远处（图 8–6）。

神意运使：食指的意思深入前方地下，形势斜插，务待深入后，再展中指，仍如食指之意，唯方向已自然稍向侧外偏移；再展无名指，依次至小指时方向已在隅位，如面北则左手小指向西北，右手小指向东北下方，最后大指则已指向前下方。恢复成掌型后，意若轻扶于地面，宜体会手掌的空虚感，若意沉入地，则易体会到自梢节渐次传送上来的松透感。

行功释义：在展指过程中，手指方向向身侧循圆运动的逐渐外展，是因为同时会有自然的松肩垂肘。而这种自然的松肩垂肘则是因为神意的领起造成的。而且当神意融入虚空时，胸、腰、腹、胯、臀各部分会有不同程度的松空感，导致腹股沟部位自然产生有要向后吸收的意思——这已是下一动的开始了！整个展指成掌的过程，正常练习可从 1 数至 10 完成。特别提示：展指的形成是手指神意向外舒展的结果，务必次第逐渐展开。但因为五指相连，在形状上若是一个伸直再伸另一个，不免有造作的嫌疑，可以形状和心意分开，如手指可稍快舒展开，而心意则一定是一指伸远，再做余指！

第七动　身体下坐

姿势动作：保持上动时的身形，视线不变，膝部微曲，腰胯松落形成坐姿。同时双手继续循圆线松落而分置身体两侧，膝盖表面和脚大趾趾甲根部垂直以正（切忌主动下坐）（图 8–7）。

图 8–6

图 8–7

神意运使：以意向后、向下吸收两侧腹股沟而形成坐姿，膝盖是在放松行功中相应弯曲的，不可有意向前弯曲（所谓相应弯曲，是身体其他处的运动影响到膝部受力，而膝部为了避免受力，随势松柔变转，若是能做得天衣无缝，则称为“应物自然”)。定势的高度是整个套路练习时的常规高度，宜形成规律，不可忽高忽低！定势后注意上线的垂直领起，则一定程度上可减轻大腿的负重，而使周身的轻松感增强。

行功释义：本动形体的下坐是以意成形！收吸腹股沟是因，身体下坐是果。只有用意收吸腹股沟形成的腹敛臀溜之坐姿，才会在形成下坐的同时，不给身体下部添加负荷。整个过程正常数数从 1 至 10 完成。

第八动　居中调神（以意正形）

姿势动作：同上动（图 8–8）。

图 8–8

神意运使：上动定势后，保持状态，以意贯串上下检验自身三线是否垂直在一个平面上，以及因为身体重心的下降而可能导致的脚下中心点偏倚。可闭目片刻，于中领起顶意，即可自觉应该如何调整至正确状态。

行功释义：以意正形即只用心意外调身手的协调，内调气血的畅顺，以达到神形俱正。身手协调，心神自安。此动因为纯是意行，所以无须数数，但只于静中体会形神合一，这是太极拳行功“静之则合”法理原则的具体体现。以能觉周身内外上下除了三条线再无一物为进境标识。意识中可先存有身体只是三条线的这个思想，果真体会得到时，则周身自然极其虚灵！所谓“不知身之为我，我自有神”（见陈鑫《陈氏太极拳图说》）。

先贤有“行走坐卧，不离这个”语。“这个”者，即是行功中一点真意，此真意生于将生未生之际，出入于有无之间，当于得与未得之时体会，在可与不可之处品味，留神玄与不同，而行于日常。

综述：太极拳行功对于形神心意，皆要求中正不偏。在形体则上身中正，在意则虚领居中，在心则独立守神，人身三线是立身中正的框架支柱。

太极拳起势源于无极，起于“动之则分”，归于“静之则合”，于中暗行一大周天路线，疏通气血以涵养心神，舒展筋骨以协调肢体，妙处在于动中求其静（心），静中得其动（神）。

经典参考：

凡做功夫，钻杳冥是第一桩难事！［解：杳，扬雄语为深远；《说文解字》释为：杳者，冥也，幽深渺茫。冥者，幽暗之义；又《太玄·玄文》记为：冥者，明之藏也。杳冥者，奥秘莫测，不测犹渺茫也，深且广矣！钻者，以其境难以直入，故须千方百计钻营，故曰难。浅言之，钻杳冥即入静也。因入静始能入归真之路，故入静为寻真之法。然此处言静者，非徒静坐无语也。乃是将此凡心脱离俗地，视真不住，视俗不恶，养此无为之意（无涉万物），自然静矣！道言归真，亦名归元，佛教为见性，拳曰还原，是一非二，皆教人返知道心，于名利场中抽身撤步，所谓得个转身。此转身处即杳冥乡也！难事者，如世间俗语“万事开头难”之义尔。］

但先天一气，自虚无中来，必有真杳冥，乃有真虚无。（解：先天一气，本真也。虚无者，万物生化之本，非阴非阳，混沌喻其形，无极喻其理，太极喻其象。实言，自然化生万物，原本于虚无，而先天本真即存于虚无之中。此本真者，诸法之空性也！真虚无者，太虚同体也。真杳冥者，气机生发之地，亦太极之本来也。真虚无者，道之体；真杳冥者，道之理；先天一气者，道之应也！先天一气来自虚无，因虚无中有其本真，故生先天一气。杳冥其喻境，必有死心，始能渐入。故定须舍弃万有，始能入宝山而不空回也！）

噫！先难而后获。舍身要舍得！大道者，先要清静身心，调理神气！其甚者，要能一切放下，钻入杳冥。必有此等真功夫，然后有真效验……余有三字诀，修道之士，勤、诚、恒，缺一不可！但勤劳、诚实而结果必归于恒！诚乃至阴之象，在易为太极，在佛为如如。孟子曰：至诚而不动者，未之有也！不诚，未有能动者也。动对静言，则知诚为阴象。孔门之道，推至诚如神，论至诚无息。皆静中大体大用。故以诚入静，静心不乱；以诚入定，定心不移；以诚守中，中心不偏；以诚入杳冥，则通微无碍矣！

——《涵虚密旨》

神莫神于至诚，明莫明于体物。

——《素书·本德宗道章》

张三丰《大道论》节释

人在父母未生之前为无极（此言太初混沌中因机缘和合而萌发之生意，即为无极），父母施生之始为太极（此言此生意初具才是太极），既生之后复以无极统其神（此句更明太极之动乃是以无极状行太极理）。太极育其气（此言形以无极为原则，理则以无极生太极之一点真意培养天真元气），气脉静而内蕴元神，则曰真性（此言动中求静，心平生神而昭显人之本性，由此可知太极拳练习实是返识心田本来之法）。神思静而中长元气，则曰真命（此言静则神生，神生而思静，神敛气静是培养本原命功的诀要）！

此文明言太极拳行功本依道家性命双修正途，得性命而锻炼，去伪存真则大道行矣！

练功要言：起落之法当以双手随意上行为善。随意之义有二。一则诸事不想随之举起，亦可获轻松之效；一则双手之意钻入地下，自地下向身前前上方循弧线运行，自可使双手臂自然升起，此被动自然行功法也。按：起落一法，初学以每日专习一小时为善，运动务求和缓均匀，内心要求松静自然，始能仔细体会手臂运行时的松空虚无之境。或如风拂杨柳，得一轻松自在，呼吸亦纯任自由。以身心内外轻松愉悦者谓近道矣！

第二节　揽雀尾行功法

揽雀尾的名称来源于戚继光《拳经》，直至陈式太极拳均名懒扎衣。传说杨露禅喜以雀置掌中揽其尾而谕学人太极理法，至杨澄甫著《太极拳》遂改称揽雀尾。杨式揽雀尾着重“掤、捋、挤、按”四门手法的心意训练，其形也都还带有揽扶捋抚雀尾之态势。吴式太极拳直承露禅先师拳学本义而袭名变相，以“抱七星”练掤意，以“打手”为挤势。于其间转换过渡中以捋意相连，已非杨氏的捋揽雀尾，而是随鸟在飞，正是舍己从人，期与自然相合的太极拳道正统法理！功法上吴氏此式已包含有八门五步十三势的全部行功法。雀居鸟类中为弱小者之一，弱者正因其弱小，故更易体自然之奥为己所用！意如鸟飞，人则随其尾翼，着意于空，无人我之别，有神来之属，得无我之相，获无为之功。先贤本意，莫非此乎？

第一式　左抱七星

第一动　上线置右

姿势动作：身形右移，体重完全负于右腿；仍目视远方（图 8-9）。

神意运使：本动形体运动之前，先意想宽松腰胯部位，至觉有空虚感时，神意再引向极远处一次（茫然漠视），领起上线，而两下线在意识中已不再存在。具体的行功法则以松脚松踝，即可找到下肢的松空虚无感，后再开始渐向右移重心。定势的形成是收吸右侧腹股沟行功的结果，同时上线合于右侧下线，形成行功中首次的“上下一条线”。本着线与虚实的关系，则左侧身体尤其是左下肢，已成虚无的存在，左脚也不再承负丝毫的体重。这时表现的虚实，在身体两侧是完全的分明，虚脚已虚净，实脚已实足，在形在意皆是如此。

图 8-9

行功释义：本动前的无形调整，是纯以神意在体内运行，亦须从 1 数至 10 完成。这实际上是上一动的延续行功，同时又负领起下式之责。也是被动的原则之一，即表现法：每动正常的行功结束了，在定势后，再用稍许意思依前运动方向再深入或跟进一些，也就是神意再舒展一下，形势自会在随意无形中产生变动，即领起下一动。如本动是向上，而下动是向下，那么在本动定势后再舒展神意，自然可使身手稍微居于上游，随即忽然隐去神意，则肢体会因形成了回环旋转而自然下落。可使一人于身前以双手托住行功者平举的双肘检验，双方不动，若是托者觉行功者双臂似向下与大地相连、极沉重，而行功者则毫无用力感觉，则为正确。经典的定义是欲上先下，欲下先上，欲前先后，欲左先右等等，即转换只能圆转，不可抽扯！杨禹廷先师名此为“虚了更虚，实了更实（然后可虚可实）”。原来此处是虚的，在做下动之前要通过某一处进一步地放松行功使其更虚，而原来是实的，要让它更实。在实践应用中，这是引进的做法。稍后的整个运动过程常规也从 1 数至 10 完成。凡是通过放松某一处而导致有形体运动变化的，都需把握一点就是行功的渐变。记数的做法当是相对易行的，在神意表情上要流露出自己与这些活动毫无关系。明确因果关系，假设身体或处于被监管中，不能公然移动，所以收腹股沟的行功，务求以意完成，以意成形。其动之微，即使被人盯着也觉察不出（身体的运动）。腹股沟的意思要如抽丝般一根一根地抽，以免被觉察，《太极拳论》特别指出“运劲如抽丝”（劲指劲的意思，名称劲意，非劲力之劲），这是行功放松退力的关键，动愈微则出力愈小，待能完全被动运行时，自然无力。

第二动 左手升举

姿势动作：左手松落至左胯外，复经腹前上升置于面前，以左上臂平直为度，大指中节与鼻同高，掌心向上；目视左手前方高远处，其余处不变(图 8-10)。

神意运使：待上动“上下一条线”形成，觉身体只是这一条线，检验垂直无偏后，就无须再留意于此处，先松肩使左手松落，旋即使手的意思向上追逐视线，经腹前上升，置于面前约一尺左右，手应随意形成被动上升，不得主动举动。

图 8-10

行功释义：本动计数从 1 至 10 完成，左手在最初的松肩行功中已空无一物，然后以左手食指与右脚小趾的相合为起点，向身前无限延长，意如画一长线，愈画长远则手臂自然升起，至前臂中部与肩同高为度。左手的意思虽然是自左侧向右侧寻找右脚小趾，左手的形状却不必过来，只自腹前斜上升起即可，这即是“在意不在形”的体现。

第三动　右手扶肘

姿势动作：上动已止，右手屈肘向左（上臂不动），大指扶左肘尖内侧上骨，右手食指扶于左前臂内侧；仍然目视前方（图 8–11）。

神意运使：此动通过垂右肘或松右肩行功完成，此两种行功法均可使右手在被动状态下升起。

行功释义：此动计数自 1 至 5 完成，因为费时较短，所以也可不计数，但仍需依照渐变的规律，领起精神，右手逐一加意垂肘松肩慢慢完成。

第四动　左脚前置

姿势动作：左脚提起，向左前方放下，以脚跟着地、脚尖上翘，成右坐步，即是原左脚向前半脚处，左脚跟位置在右脚脚尖前，与右脚的前后间距约半脚，左右间距约为一脚（图 8–12、图 8–12 附图）。

图 8–11

图 8–12

图 8–12 附图

神意运使：神意领起向远处展望，自然会带动左脚自然上步落脚。

行功释义：此动以意觉左脚提起向前下落时，没给右腿增加负重感为进境。以上下一线的垂直程度为自我检验法本，用意调正身心，可闭目感觉周身上下内外，若有不正，必致紧张。具体紧张部位即以无极桩行功法做具体放松行功处理。

至此左抱七星的肢体动作已完全摆放到位，杨禹廷先师传此式为“阴动势子”，而阴动势子的行功，当以收敛为要，用意使肢体或是说肢体的意思向自身肉体深处无形收藏起来，神意虽然在外，不过是茫漠淡视，不留意在外，不留形在内。此谓之“阴松”行功法。神意在外者，阴中之阳也。漠然者，转换之先机也（偶有特殊时刻，则有特别要求，届时自有特别说明）。到本动亦无须数数，精神领起远瞻神意，放松腰胯，左脚自然到位。本动以使精神愉快、肢体轻松为入境。若无此感而勉强进入下势的练习，是仍不明行功法理，不知所行何事，所为何义，徒劳往返也！这是又一次的“静之则合”，由太极而返无极，理论上若无此时的“静之则合”，则无以达下面的“动之则分”，故决不可怕！大道法理，虽然至简，既已成象，自必循环无间，苟有简略，则因果错乱，功成无由矣！慎之！

特别提示：此式虽名“抱”，而决不可存有“抱”的意在。

太极拳正确法理是唯一的，不变的！用意而归于无意，至不用意而意自在。不泄于迹，不执于体，因松致柔，柔极而化，动静依乎天地，自然空虚轻灵，即“无形无象，全体透空”之无我无为之境也。

此势立定后，可任人自任何角度推挤来验证。人手一触及我身体，即能出现应手而倾斜失重的行为，为行功正确。而若是人用力也推我不动，则可证我所作为之错误：一则为有力，二则为身心因有对待而失或将失中正，即有偏倚。

练功要言：说守中

中是自身的中心线，好比是自家的宝藏，乃精神命脉；又如指挥作战的司令部，需牢牢守住。这是守中概念上的浅解，具体的理论思想，则根据重阳先师“心安而虚，道自来止”的明训。中心线从开始体会感知的没有（中心线本身存在，但未练功者难以体察，故曰没有），到通过正确的放松行功渐渐地感知到，再将其培养得强壮，然后再通过进一步的深化行功将其隐藏起来，自然中空虚灵，神不外溢，谓之守。简单地说，就是由立身中正渐至八面支撑的中定，进而使“虚灵在中”，即是在守中。然而大多数学拳者立身时用力使五趾抓地，凡腰、胯、膝、踝、足等关节部位都用力摆扣成框架，筋、骨、气、血、肌、肤等尽力帮助，从而达到使他人推撞不动的功效，这则是力量的表现。别人推撞不动，乃是因其力小，力大必能破坏。这是拳经中指出的“有力打无力，手慢让手快，是皆先天自然之能，非关学力而有为也”。这都是常人所具备的能力，不是太极拳学法理的表现行为。但这也算是有中，只不过是常人都能不同程度达到的实中。而太极拳原本道家哲理“存无守有”的要求，守的是虚中，是将存在的有练无，把身中心田打扫干净，让神意自然居住，此谓得中。得中又与守中有别，守中以不守为善！守则必须有中，即落于对待；反之，有中不守，但要常使心身虚虚灵灵，似有若无，杳无踪影、自然无，所谓“用之则行，舍之则藏”，自然牢不可破，自在自得。

第二式　右打挤式

第一动　左脚平落

姿势动作：周身其他处不动，只左脚脚掌平落；视线不变（图 8–13）。

图 8–13

神意运使：用意收吸右侧腹股沟，会使整个腰胯部位放松下降，而导致左脚掌自然平松落地。

行功释义：收吸腹股沟是因，是无形的，其结果就是左脚掌形成有形的下落。这个形动因为是结果，也就是被动的、正确的。腰胯的相应放松，也是受腹股沟收吸的影响所致。这也可以说明另一个问题，收吸腹股沟也能使腰胯部位获得轻松感。腰胯放松其实是感到筋肉下沉，而外在形体上的观感，身体是没有下降的。要注意区别这一点，则身体就会避免主动地向下蹲身。向下蹲身虽然也能使左脚被动落下，但因为是主动的因，会产生用力，所以为错。当左脚松落时，切要注意立身的中正，不能偏倚，随机检验负重脚（右）及上下一线的垂直领起状态。若左脚松落时觉右腿有添负担，则可断定有主动现象，应“即速改换”。此动计数从 1 至 10 即可。

第二动　重心前移

姿势动作：两膝微曲，身体重心渐向前移至两腿中间；同时左手变横向，即手指指向身体右侧，掌心向内；右手掌指向上，掌心向前，置于左腕横纹线内，向身前成推挤势；目视双手前平远处（上体不动）（图 8–14）。

神意运使：在保持身体一条线垂直状态中，意想线的下端自右脚下中心点位置向前（计数自 1 至 5）移至涌泉穴，再数 6 至 10 而从小脚趾依次上行，经由四、三、二脚趾而至脚大趾下。

行功释义：在此行功过程中，右膝为了适应脚下行功的需要，会形成向前、向下的跪姿，左膝亦会相应弯曲，两腿形状似是分担重量，实则左脚只是虚置于地面，而不负丝毫体重。两手只是有推挤状，却不可有推挤意。

只有在保持“上下一条线”的中正状态下进行的运动，才符合被动自然的基本要求。此动神意领起后意念全在右脚下运动（视线向前即是领起神意），与左脚毫无关系。左腿膝部除了相应弯曲，不可做任何工作。使一人于身前适当用力推扶胸部，如若行功可让其觉劲力被引入我右脚下，即为行功正确。

第三动　重心移左

姿势动作：身体重心完全移至左腿，右腿伸直，形成左弓步；左右手如前横置于面前约 6~8 寸许；右手食指置鼻前与之同高；目视身前平远处（图 8–15、图 8–15 附图）。

图 8–14

图 8–15

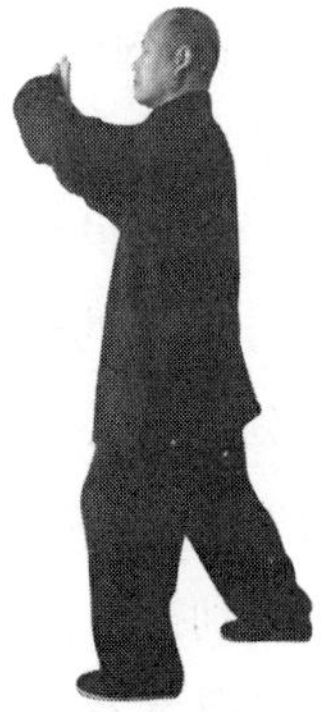

图 8–15 附图

神意运使：再向上引领一次神意（即再向远处瞻望一下），感到腰胯松空后，右膝的意思逐渐向后收敛，带动形体使右脚成箭步势（右腿向后蹬直），体重已在不知不觉中移于左腿。定势时右手指意上引扶天，左手指意也向手指方向无限延伸或至天边地平线相连处，虽然势成推挤状，意却在维护周身内外的圆满无间及身体一条线的中正垂直。

行功释义：此动的体重移左是向后舒直右膝行功而形成，左腿只能被动地受载体重，而不能主动屈膝前顶，用以争取负重。第二动和第三动是一个完整的身体重心转换过程，用意只在由实腿的脚下渐次转移至另一腿（原虚腿）的做法，是脚下虚实变换的常规，也是规律性的行功法。计数从 1 数至 10 完成。

第二动是“实了再实”的原则做法，临场发挥可获引进之功效，第三动是被动转变的典型。接续上动的实验：如上行功，可使面前推扶者身体向我右侧前方倾斜至失重。

在太极拳行功中，进并不单指向前迈步（上步），本着太极拳在意不在形的原则，主要是指身体内意向前的表现。正确的行功法，可使身体在有障碍阻挡的情况下轻松涌进且是毫不用力完成的。

第四动　以意正形

姿势动作：同上。

行功释义：此动与起势第八动行功法理相同，都是依前成就的定势，示寂求静，以体会万化最初的生机，以符合《阴符经》“自然之道静，故天地万物生”的法则。抱七星行功是先求上身中正不偏，再以“掤”的意思来求得周身的圆满，打挤行功则是在中正中含有“进”的隐寓！按太极拳行功，八门五步名目虽繁，却也有一个原则：都是在立身中正的情况下，才有其他运动，且再有的运动也不得破坏原有的中正。所以切要留意人身三线的聚散，务要刻刻在心，时时注意检验、校对、改正、保持。此势立定后，使人自任一角度出力推试，以感到如推一圆状物为行功得境初步。

特别提示：打挤虽有挤之名，不可有挤之意。

经典参考：

寂然不动者，诚也。感而遂通者，神也。动而未形有无之间者，几也！

诚精故明，神应故妙，几微故幽。诚、神、几，曰圣人！

——宋·周敦颐《通书》

练功要言：

杨禹廷先师对学练太极拳有个概括性的要求，归纳即练个准确，打个灵气，盘个悟性。

凡一举一动务须依法合理，才能渐明太极本义，所以行功方法一定要准确。姿势自然不错，依法合理，循规蹈矩，练习日久，举动自然轻松柔顺，动静无力，无力则虚，虚极则灵性发动，才能渐达变动随意、圆通无碍之境。而所有这些又需在行功中渐渐体悟。可以说只有准确才能开动性光，产生灵机。

第三式　右抱七星

第一动　右掌前展

姿势动作：右掌左向翻转使掌心向下，指尖向前上方；同时左手随之左向翻转内旋使掌心向上，指尖平向前方，中指尖转扶右腕脉门；目视双手前方，其他不变同上势（图 8–16）。

神意运使：双手手指的意思自食指渐次中指、无名指、小指、大指自左侧向前方舒展（因）形成旋转势态（果），同时肩肘都放松（因），会使双手在旋转过程中向前有一定程度上的舒伸形动，双手食指均向前追逐视线，而意在保持原有的上下一线的垂直。

图 8–16

行功释义：此动计数自 1 至 10 完成，双手的旋转或念如一太极球，随势附形而运。被动运行的轻松感会更明显，双手虽然原先即为掌形，但仍要运意自食指一一舒展，切记！右掌如刀自身前左侧上方向外、向前、向右、向下斜向环切，左掌则自身前向左、向下、向右下弧形外展，或右手如抹物状，左手如剜物意，此遇拦阻时之意也。拳诀要求“变转虚实须留意”，此动即“须留意”之处也！承上启下，正是“动静之几”处，能否成为“阴阳之母”，即在于意行是否正确。乃真练太极之地，不可不慎而重之！又，此动右主外，左主内，互为其根。正因如此，双手不可向同一方向同一位置一齐运动，所谓“有上必有下，有左必有右”即指此。慎之！

第二动　身体右转

姿势动作：保持身手姿势不变，以左脚为轴右向转体45°，面向隅位；目视右手指外手指外远上方。至隅位时，左手松垂至右前臂中，身体重心仍然在左腿（图8–17）。

神意运使：本动由先收吸左侧，继收吸右侧腹股沟形成，同时神意再度上领以使整体得松舒感。

行功释义：本动吸收腹股沟是因，身体转右是果。在此过程中，神意引领右手食指在体外前方沿弧线向右至隅位，当左大腿似微感别扭，将生紧张时，下动即开始了。这个过程计数从1至10完成。

图8–17

第三动　右抱七星

姿势动作：左脚内扣身体转向右侧，使右侧成为身体正向，左腿完全负重，右脚尖随势翘起成左坐步；同时右手臂内旋使掌心向上、手指斜指向身前上方；左手臂外旋使掌心向下，大指扶于右肘内侧骨上，食指扶于右前臂内侧正中；目视右手前方（图8–18、图8–19）。

神意运使：精神上领，整体放松，然后着意在松肩垂肘，则导致上肢双手成形，放松腰胯形成左脚内扣90°，校对左侧的上下一条线，则右脚尖自然上扬，亦可以右脚尖回勾上扬，调直“上下一条线”。

行功释义：本动实际是上动形成后进一步放松的结果，所以无须数数，把握渐变运动之旨，缓缓行放松功，获肢体变换被动体会感受即可，其他要求参考“左抱七星”。

图 8-18

图 8-19

第四动　以意正形

参考“ 左抱七星”第四动。(略)

第四式　左打挤式

第一动　右脚平落

姿势动作：周身其他处不动，右脚脚掌平落，视线不变（图 8-20）。

图 8-20

神意运使：用意收吸左侧腹股沟，会使整个腰胯部位放松下降，而导致右脚掌自然平松落地。

行功释义：收吸腹股沟是因、是无形的，其结果就是右脚掌形成有形的下落。这个形动因为是结果，也就是被动的、正确的。腰胯的相应放松，也是受腹股沟收吸的影响所致。这也可以说明另一个问题，收吸腹股沟也能使腰胯部位获得轻松感。腰胯放松其实是感到筋肉下沉，而外在形体上的观感，身体是没有下降的。要注意区别这一点，则身体就会避免主动地向下蹲身。向下蹲身虽然也能使右脚被动落下，但因为是主动的因，会产生用力，所以为错！当右脚松落时，一定要注意立身的中正，不能偏倚，随机检验负重脚（左）及上下一线的垂直领起状态，若右脚松落时觉左腿有添负，则可断定有主动现象，应“即速改换”。此动计数从 1 至 10 完成即可。

第二动　重心前移

姿势动作：两膝微屈，体重前移至两腿中间；同时右手变横向，即手指指向身体左侧，掌心向内；左手掌指向上，掌心向前，置于右腕横纹线内，向身前成推挤势；目视双手前平远处（图 8–21）。

图 8–21

神意运使：在保持身体一条线垂直状态中，意想线的下端自左脚下中心点位置向前（计数自 1 至 5）移至涌泉穴，再数 6 至 10 而从小脚趾依次上行，经由四、三、二脚趾而至脚大趾下。在此行功过程中，左膝为了适应脚下行功的需要，会形成向前下的跪势，而右膝亦会相应弯曲，两腿形状似是分担重量，实则右脚只是虚置于地面，而不负丝毫体重。两手只是有推挤状，却不可有推挤意。

行功释义：只有在保持“上下一条线”的中正状态下进行的运动，才符合被动自然的基本要求。此动神意领起后意念全在左脚下运动（视线向前即是领起神意），与右脚毫无关系。右腿膝部除了相应弯曲，不可做任何工作。使一人于身前适当用力推扶胸部，如此行功可让其觉劲力被引入我左脚下，即为行功正确。

第三动　重心移右

姿势动作：体重完全移右成右弓步；左右手如前横置于面前约 6~8 寸许，

左手食指置鼻前与之同高；目视身前平远处（图 8-22）。

图 8-22

神意运使：再向上引领一次神意（即再向远处瞻望一下），感到腰胯松空后，左膝的意思逐渐向后收敛，带动形体使左脚成箭步势（左腿向后蹬直），体重已在不知不觉中移于右腿。定势时左手指意上引扶天，右手指意也向手指方向无限延伸（或至天边地平线相连处），虽然势成推挤状，意却在维护周身内外的圆满无间及身体一条线的中正垂直。

行功释义：此动是向后舒直右左膝行功而形成的体重移右，右腿只能被动地接负受载体重，而不能主动屈膝前顶，用以争取负重。第二动和第三动是一个完整的体重转换过程，本动仍然需要从 1 数至 10 完成。第二动是“实了再实”的原则做法，临场发挥可获引进之功效。第三动是被动转变的典型。接继上动的实验：如上行功，可使面前推扶者身体向我左侧前方倾斜至失重。

在太极拳行功中，进步并不单指向前迈步（上步），本着太极拳在意不在形的原则，主要是指身体内意向前的表现。正确的行功法，可使身体在有障碍阻挡的情况下轻松涌进且是毫不用力完成的。

第四动　以意正形

参考右打挤式第四动。

练功要言：

练拳行功，免不了运动四肢，也免不了出现问题。上肢的问题多在于肩、肘、腕、手上。单论肩肘即是所谓的“挑肩架肘”。挑肩架肘是指肩肘部位紧张有力，有力则易于产生肩肘的自行（主动）运动，并不在其所处位置高低，即是说和肩肘放置的位置高低是不相干的，不是放高就是“挑肩架肘”，放低就好了，否则双手双臂就不会有向上的动作了，只要无力，自然无此病态。

第五式　右掌回捋

第一动　右掌前展

姿势动作：右掌微向前左向翻转右前臂（外旋）使掌心向下，手指自左侧转向正前方；左掌内旋翻转使掌心向上，中指轻扶于右腕脉门处；目视右手前方（重心在右不动）（图 8–23）。

神意运使：参考“右抱七星”第一动“右掌前展”。

行功释义：此动数十数完成。此动不同于“左抱七星”式的是，左抱七星后是右手从内经上向前，此式是在外右转至前。右手的意思当随神意自左侧身外向右循弧形渐转至正前方，这个弧线当在身前极远处，愈大愈好。

第二动　上体右转

姿势动作：保持上动姿势不变，微微向右转体至右手食指与右脚小趾上下对照（手略前、脚稍后）；目视右手前方（图 8–24）。

神意运使：此动以收吸右侧腹股沟形成。注意身线中正。

第三动　松沉腰胯

姿势动作：保持上动定姿，腰胯微微松落下降，左膝微弯曲，右手也微有前展势；目视手前上方平远处（图 8–25）。

图 8–23

图 8–24

图 8–25

神意运使：先远瞻神意领起精神，随即空松腰胯而形成本动态势。

行功释义：这是拳经中要求的“欲回先进”的具体做法，以避免出现抽扯的病态现象，也是在进退转换之际变转虚实的关键处！即杨禹廷先师所教“实了更实”，意思是说当原有实脚准备变为虚脚时，当更加充实脚的实意！这也是承上启下处，所以动作极微，以神意运行为主。

第四动　右掌回捋

姿势动作：体重逐渐后移于左腿，微偏对右侧隅位前，右脚脚跟着地、脚尖翘起成左坐步；右手下降至右大腿上方，右前臂呈水平状；目视右手前不远处（图 8–26、图 8–27）。

图 8–26

图 8–27

神意运使：身体重心的意思自右脚大趾起，依次经过二、三、四、小趾，再自涌泉穴后移至脚跟，形成右脚尖上扬翘起，而重量在不觉中自然移于左腿。本着“一动无有不动”的整体运动规律，当重心后移时，右手在随身带回的过程中，通过舒松右肩，而使右掌的意思经右侧身外自然落降，右手是直形回，而意在外弧行。

行功释义：右手松降是因右肩不负担，所以只须松肩行功即可，重心后移与前打挤式所运行的重心前移为同一路线，怎样上去即怎样逆着原路返回。初学者因为对于运行路线还不能熟记在心，所以在返程中目可看右手前，但不可久视（注视手不得超过 2 秒，注视手前不得超过 5 秒）！

第六式　右手掤展

第一动　转身落脚

姿势动作：神意领起，目转视正前方，周身放松，自然向左转正；双掌同时翻转，右掌掌心向上在下指对身体左侧隅位，左手掌心向下在上扶于右腕脉门处，树正左腿上的“上下一线”，两手处在两腿中间上方（图 8-28）。

神意运使：神意领起后，通过收吸腹股沟使身体被动返正。双手翻转以右掌为主，放松右肩使右掌自然翻转，翻转过程中，右手五指依次向身前舒展指意。

行功释义：无论视线原在何处，重新向正前方平远处远瞻，即为领起神意，也即虚领顶意的做法，计数自 1 至 10 完成。

第二动　右脚平落

姿势动作：腰胯微有沉降，右脚掌平落地面，视线及周身其他处姿态俱不变（图 8-29）。

图 8-28

图 8-29

神意运使：神意领起，再收吸腹股沟使右脚掌下落。

行功释义：收吸腹股沟会使腰胯部位微有形体的沉降，带动右脚掌接触地面。右脚掌落地过程中，切要把握身体一线的垂直，以左腿不添加丝毫重量为是。

第三动　重心前移

姿势动作：两腿微曲向前，使身体重心逐渐处于两腿中间，右手向外伸展，指尖指向身体左侧正前方；目视平远处（图 8–30）。

神意运使：身体重心的意思自左脚中心向前渐至涌泉穴，再自小趾经四、三、二趾至大趾。左膝随意弯曲，右膝则相应弯曲，形成本动。

行功释义：此动定势时外形似是双腿分担体重，实则仍由左腿完全负重，右腿于此时仍当能不动声色提起。右手的意思随重心移动（在身体外），自左侧前方隅位舒伸至身体左侧正位。左掌仍扶右腕内侧随右手而动，从 1 数至 10 完成行功。

第四动　重心移右

姿势动作：身体重心继续前移，逐渐移至右腿，至左腿舒展伸直成右弓步；身体右侧形成上下一线，右掌伸展至身前，食指与鼻同高；目视右手前远方（图 8–31）。

图 8–30

图 8–31

神意运使：神意再次领起，觉周身有轻松感后，即将左膝后收（有形动）渐至左腿伸直，而右膝弯曲度不变。在左腿伸直的同时，体重自然完全移于右腿，同时右掌在外的意思也自身体左侧正线位，循弧形线路，随体重的移右而舒伸至右侧正线位前方。

行功释义：此动仍需从 1 数至 10 完成，重心转换时，右膝曲度不变，则身体无起伏，至能平稳过渡。

第五动　上体右转

姿势动作：脚下不动，上体保持上动定态，向右转体 45°，右掌随转体而使掌指对向右前方 45°处（图 8–32）。

神意运使：神意领起，收吸右侧腹股沟，形成上体的右转。右掌的意思，仍然在外循弧线运行至与面向相同的隅位。

行功释义：此动仍以意领重心自右脚大趾依次数至小趾、小趾外（从 1 至 10）引领上体转至隅位完成，切要留意动转是在保持上下一条线的基础上运行操作的。手因为是“鼻子的延长”，自然随身而运，不能偏倚或主动先行。

第六动　体重移左

姿势动作：腰胯微沉，使重心逐渐后移至由左腿完全负重，右脚尖上扬翘起，成左坐步；同时上体右转至正位，左右手关系不变，随身转至身体右侧正位上方；目视手外上远处（图 8–33）。

图 8–32

图 8–33

神意运使：上动定势后，视线上扬，使腰胯部位在瞬间产生空虚感，即成下坠形，重心自右脚大趾依次减至右脚跟后至右脚尖翘起时，体重自然已移至左腿。右手追逐视线而使身体在向后的同时右转至定势位置。

行功释义：此动完整过程需从 1 数至 10 或 20。

第七式　右掌前按

第一动　右掌松落

姿势动作：垂落双手，右掌以立掌式置于面前，小指侧向身前；左手仍扶于右腕脉门处（图 8–34）。

神意运使：先以垂肘行功使右手臂松落，再以松肩行功使双手如法置于面前，视线略注意一下右手食指，即转向面前平远处。

行功释义：当双手随松肩垂肘而垂落时，神意领起可觉腰胯部位有下沉感，其实是心意的自上而下传感所至。这种感觉马上会到脚下（左脚），下一动即被领起，此动自 1 数至 10 完成。

第二动　右掌前按

姿势动作：保持上动姿势不变，身向左转至身体左侧正向成前按势，左腿负重状态不变；左手扶右腕内侧；目视右手前方（图 8–35）。

图 8–34

图 8–35

神意运使：收吸左侧腹股沟形成左向动转，注意虚领顶意，才能轻松完成。

行功释义：此动左转幅度超过 100°，若腰胯未能松开者往往不能转到左侧正线位，可将腰胯再放低一此，会有改善。另外体重须始终负于左腿，不能者必然别扭，仍然是腰腿问题。诚如拳经所言："有不得机势处，身便散乱，其病必于腰腿求之。"学者宜于此处，委屈身体而求神意完全。右脚在转到位后适时松落，与左脚形成八字。

第八式　右掌右按

第一动　神意上领

姿势动作：腰胯微降，同时双手一如上动定势时姿态，微向上升，体重不移；视线高瞻。

神意运使：先收吸腹股沟，觉腰胯有松空感后，视线向上而使双手乃至整个上体都有挺拔轻扬感，左脚下重心自中心点渐次移至左脚大趾（无形动而纯用意行）。

行功释义：因下动将向右移，依"欲右先左"原则，此动不但不可有向右的形意，而且仍须继续充实左腿的形意，故须用意无形地变动身体重心，计数从 1 至 10 完成。

第二动　重心移右

姿势动作：右掌自左侧经身前随身体右转而向身体右侧隅位（东北）以小指侧按出，食指与鼻同高；目视右侧隅位平远处（图 8–36）。

图 8–36

神意运使：收吸右侧腹股沟，同时用意收敛左膝，形成本动，继之神意上领，调整整体放松协调的感觉。

行功释义：这是"揽雀尾"的结束

动作，注意校正“上下一线”即可。

综述：揽雀尾是吴式太极拳的代表行功法，可以完整地体现太极十三势八门（掤、捋、挤、按、採、挒、肘、靠）五步（进、退、顾、盼、定）行功法及行功原理。

练功要言：练拳行功计数法

练拳行功要的是心平气和，所以对于肢体的动作要求是渐渐变转，即不能有突然或忽快忽慢，自始至终都是匀速地完成每一动。初学者不易把握，可以计数来调理身心。即在运动时心中默念数字 1、2、3……，务要缓念均增，日久动作自然和缓。习久，待已能自然控制速度，则可止。

第三节　斜单鞭式行功法

单鞭是中国武术中拳法劲力运用的共法。其意取鞭之可放长击远的特性，其法一手如执鞭杆（柄）、一手如鞭挥出。其势如龙行九天，正是经典所谓“处中以制外”之功夫。

第一动　右掌变勾

姿势动作：接上动，右臂向右侧隅位（东北）上方伸展，放松手腕，使五指自小指开始，依次松拢至大指成勾手；左脚收到右脚内侧以脚尖点地，成左虚步；左手中指自然搭扶右手腕脉门处，掌心向右侧上方，右腿一线承担身体重量；目视右勾手外高远处（东北）（图 8–37）。

图 8–37

神意运使：顶意上领，似将上体连带左脚跟提起（但身形不可有主动上起），左手不变，通过无形的用意放松右肩，逐渐使右掌松拢变勾。

注意上下一线的垂直，定势时视线尤须远瞻。

行功释义：放松是对全身的整体要求，但不同的动作由不同的切入点为引子，然后再做整体功夫。本动即是这样：先通过神意的远瞻而领起右手向上，再进行松肩行功使右手渐变为勾手。松肩是因，勾手是果。尔后全身各处相应一致放松，所谓“一动无有不动”，使在右脚的重心更加稳固，且有轻灵腾挪之意。计数从 1 至 5 完成。

第二动　左脚后撤

姿势动作：上身与手势不变，放松腰胯，左脚向身体左后隅位（西南）撤步，以脚尖（脚大趾）虚置地面，重心在右不变；左手向左开，掌心向右，两手间距离约同于肩；视线仍向勾手外远方（东北）（图 8–38）。

神意运使：微收右侧腹股沟，神意远瞻，会使左脚自动后撤。以掌指搭右勾手顶端，只须松左肩、垂左肘即可，同时因为松肩垂肘，使左手自然向左开展。

行功释义：此动只须精神领起，可以一挥而就，无须计数，但要注意不能加快运行速度。

第三动　左手左开

姿势动作：右勾手不动，左掌外旋左向展开，两手间距略宽于肩，掌心向右；视线在两手中间外前方；下肢无动，仍由右腿承担体重，此时身向正北（图 8–39）。

图 8–38

图 8–39

神意运使：左肩肘继续放松而使左臂外旋，左掌左向展开。

行功释义：这是左手拉开形成单鞭劲势的最后准备工作，切要注意右侧一线的垂直及神意的虚领，把握气定神闲的平常态势，左手切不可主动开展！计数自 1 至 10 完成。

第四动　左手左展

姿势动作：上动不停，左手继续随身左转，向左开展至两手与身体脊骨形成夹角 90°左右；同时左脚跟向内旋转，使脚尖对正自然界的隅位与面向一致（西北）。动作时左手向远方追逐视线，落脚与展手转体同步运行，右手不动不变，重心仍在右脚（图 8–40）。

神意运使：当注意于左脚自大趾至小趾依次的松落，及脚前掌和脚跟的内收下落，会使身体及左手的转展被动形成，而脚的松落则是收吸腹股沟所致。

行功释义：因为此动定势时面向隅位，双臂开展如挥鞭的形状和意思，所以叫做“斜单鞭”——与面向和双手都处在正线的“正单鞭”有别。因是单向开展，所以名为“单鞭”（旧传武式太极拳练法有双向开展运势，名“双鞭”，述之供参考）。计数自 1 至 10 完成。

第五动　右脚调正

姿势动作：腰胯微沉，左膝微屈，重心渐向左移，形成双腿平均分担身体重量态势。其他一切同上（图 8–41）。

图 8–40

图 8–41

神意运使：意想重心自右脚中心点位置渐向涌泉穴，再自小趾移至右大趾，上述意行时带有腰胯的微微沉降，其后，收腹股沟使右脚跟向外展至与身体面向相同之隅位，领起神意找正上下三条线。

行功释义：这是斜单鞭完整到位形态的最后一步，虽然重心是横向转换，其法仍如纵向。《太极拳经》描述的“虚领顶劲，气沉丹田，不偏不倚……”就是这个态势。计数从 1 至 10 完成。

第六动　身体沉坐

姿势动作：松肩垂肘，使双手臂相随腰胯的形体一起微向下松落，左手因垂肘而使大指朝上，四指向左，掌心向外（正西），手腕背部略高于肩；右勾手手腕背部略低于肩；视线在左手外平远处（图 8–42）。

行功释义：马裆步是吴式太极拳中很重要的练功法。身体重量虽由两腿平均分担，身体重心却随顶意上悬，以定势时立身中正、无丝毫向外依靠的思想为得中。

练功要言：练习太极拳当时刻注意三点。

一、精神领起如置虚空中——自然立身中正；

二、神意舒展如游天地间——自然身心舒畅；

三、手随意行而付于空气中，如非己之物——自然肉消骨融。

其他一切放松、入静、圆转等均无须理会。

图 8–42

第四节　提手行功法

提手又名提手上式，顾名思义是将手提起向上的做法。但太极拳行功在意不在形，所以提手行功的本义在于提起手的意思，意在手梢，随意而向上，以贯通上下气脉，慎莫做提起手去打人想法。

第一动　右抱七星

姿势动作：体重完全移于左腿，右脚虚置地面，视线由左手前远方渐向右手前远方（正北）移动，保持身体中正（图 8–43）。

神意运使：精神领起，收吸左侧腹股沟形成本动式，上线以意领起，自然安放于左下线之下，相合成为上下一线。同时有松肩沉肘的意思，导致双手臂均有松落的意思，只是一闪而过。

行功释义：凡马步转换成单脚支撑重心，只须领起顶意，则周身轻灵自然转换灵敏，这是过渡动作，需要紧接下动。计数自 1 至 10 完成。

姿势动作：左脚掌内扣 45°，身体右转至正位，成左坐步，双手同时随身体向右转动而向内相合相搭于身前，成右抱七星态势（手法同“揽雀尾”第三式“右抱七星”第三动）；目视右手食指外平远处（图 8–44、图 8–45）。

图 8–43

图 8–44

图 8–45

神意运使：顶意领起会感到腰胯的自然沉降，再通过收吸腹股沟，使左脚内扣，双手相合定势，远瞻前方（正北）。

行功释义：拳论中指出的“虚领顶劲，气沉丹田，不偏不倚，忽隐忽现”，正为此动写照。顶意领起，则周身轻松，气自下沉。实际上因为神意领起，则气息自然下降；因气机下降，而感周身轻松，自然可达不偏不倚的中正。忽隐忽现是指上动拳意在彼处忽然隐去，而在此处忽现当场。如双手意决不可联系上动，所谓“无所从来，亦无所去”。计数自 1 至 10 完成。

姿势动作：上体保持上动态势不变，右脚尖翘起上扬（图 8-46）。

神意运使：收吸右侧腹股沟，引动右脚尖翘起，五趾之意遥引上天，自然扬起。

行功释义：这是手脚相合的典范动作，手追视线远去，脚趾的意思去寻找远处的手并与之相合，计数自 1 至 5 即可。

第二动　左打挤式

姿势动作同“揽雀尾”第四式“左打挤式”。图 8-47 是右脚放下。图8-48 是重心移至身体中间时。图 8-49 是右腿完全承重时。

图 8-46

图 8-47

图 8-48

图 8-49

第三动　右转掤挤

姿势动作：（接上动）身体整体姿态不变微向右转；目视右腕前方(图 8-50)。

神意运使：收吸右侧腹股沟，使身体右转至右腕横纹线向下垂直对应右脚小趾，目视双手前方平远处。注意保持身体中心与重心不变！

图 8-50

行功释义：这是圆转自然被动的行功体现，可使一人自面前扶按行功者手臂，阻其运动。行功者则通过收吸右侧腹股沟，可将扶按者毫不用力地带倒失衡（人若阻我前进，我以掤挤之形，放弃本力，我重心意可自右脚大趾次第移至右脚小趾，自然带起下势）。此动计数从 1 数至 10 完成。

姿势动作：左脚收上与右脚同在一条平线对齐，与肩同宽如同起势，脚掌虚置地面；目视面前平远处（图 8–51）。

神意运使：收吸左侧腹股沟即可使左腿收上来。

行功释义：此动实为上动的余波，可一松而就，无须其他。此时意念系右脚小趾，不可低头俯视，可目视身前平远处。

第四动　提手长身

姿势动作：保持原有状态，身体直起，右手继续向上提起；目视右手上方（图 8–52—图 8–54）。

图 8–51　　图 8–52　　图 8–53　　图 8–54

神意运使：松肩可使右手松拢成虚勾状，向上领升神意，使身体如重叠之物被层层提起。

行功释义：右脚大趾如一丝团之头，而右手的意思，将此丝头处右脚小趾上向上领起，所谓运劲如抽丝而至上九霄。则身形自然长起，计数从 1 数至 10 完成。

练功要言：也说整劲

先问自己练拳时，是否是个整体人！若是有手没腰，有脚没腿，有心无意，有气无力……凭什么获得整体劲呢？我们练功，是一个地方（部位）一个地方地练，从头到脚，从上到下，从内到外，从里到表，大到骨头，小到毛发，粗到肌肉，细到毫末，形到神意，显到气力，有的心意，无的感觉……一一分明了，自然全体自在。到此地步，随便动静，无不合适（式），所发无一非整体，却不需要整体来发矣。

第五节　白鹤亮翅行功法

此式取白鹤之善于独立而中（神意）自在，又有展翅之能。其亮翅之意，是欲做蓝天之舞，心开意解，神舒体展，用功之要！

第一动　展指转正

姿势动作：自大指起向上依次伸展右手五指，重心在右腿不变；目视头顶上方。保持上动姿态不变，收吸左侧腹股沟，使身体整体左转，对正前方（正北），视线也逐渐转至头顶正上方，左脚虚置地面，重心在右腿不变(图 8-55、图 8-56)。

图 8-55

图 8-56

神意运使：五指的意思，一个一个逐一舒展至天上极高处。再收吸左侧腹股沟，可形成本动动转，右手意自右向左划弧线至正向。

行功释义：这是为了疏通手上经脉气血，一定要等一根手指完全舒展至极远处（或原定目标）后，再意行下一根！计数法自 1 至 10 完成展指。动作细微处往往是关键要紧处，所以不厌其烦一一细致讲解，这也是拳经中“变转虚实须留意”的要求。图 8–56 是上面动势的余波，一松即可形成，唯以右手意思运行。

第二动　上体前俯

姿势动作：保持上动态势，身体向前折腰俯至右手指向身前约 2 米外地面；视线深入手指前方地下（图 8–57）。

神意运使：右手掌的意思，由上方向身前（如画一大圆）运行至地平线上而自然向身前下方折回。

行功释义：行功至此，重心虽然在右脚，因身体前俯，上下一线形体上已不存在，切需注意两腿之间的虚实分明为要！又视线看似随手，实际仍是在前引领手行。

姿势动作：右臂屈肘使右掌回收于前额上（虎口处平贴额头）；同时左掌前伸并指向右手收回处；目视左手前地下深处（图 8–58）。

图 8–57

图 8–58

神意运使：右手收回是垂肘所致，左手伸展则以依次舒展五指为主，附以松肩垂肘。

行功释义：右手如画一连接天地的大圆，至面前将遮住视线时收回，而以左手自下伸展去接替右手工作。因行功渐变的规律，所以左右手意思交替不可有停泄。又此时因左手在视线之内，切要注意不要注意看手，否则即失前境！本动计数自 1 数至 10 完成。

姿势动作：左手垂落至右脚大趾上；目视地下（图 8–59）。

神意运使：虚领神顶，身体由腰胯的放松而渐渐俯下，不可使有憋气感（不主动向前弯腰即不会有憋气现象）。

行功释义：向前折腰（由放松腰胯形成），即可使左手被动自然落下，目视地下深处。计数从 1 至 10 完成。

第三动　重心左移

姿势动作：保持上动态势，身体重心向左横向移动至两腿中间，左手随行至两腿中间，手心向右（图 8–60）。

神意运使：意想身体重心自右脚下中心点位置，渐移至涌泉穴，复自右脚小趾依次移至右脚大趾，同时收吸右侧腹股沟。

行功释义：本动形体运动幅度小，以意为主，当静心运转；头虽俯下，其意要向前，再向上领起。计数自 1 至 10 完成。

姿势动作：身体重心继续左移至左腿完全负担身体重量，左手指随身运行至左脚大趾上方，视线至左脚尖前地下深处（图 8–61）。

图 8–59

图 8–60

图 8–61

神意运使：意想收吸左侧腹股沟，可使重量自然移至左腿上，同时注意放松（后收）右膝盖（无形）。

行功释义：凡重心转换，无论是前后还是横向，都是在左右腿之间运动。因具体套路动作大小幅度的要求不同，用意导致形动的程度自也不同，几乎没有绝对相同的。不同处虽多，但原则只有一点，就是一定是被动的！原来的虚腿不能主动要求负重，原来的实腿也不能主动推卸责任。

第四动　左转起身

姿势动作：保持上动态势不变，身体左转 45°至隅位（西北），左手随转至左脚外侧中心点位置处，掌心向外；目视左手食指前下方（图 8–62）。

神意运使：收吸左侧腹股沟，使身体继续左转至左侧隅位。

行功释义：因为上身的折俯，上下一条线在形体上已不存在，所以尤须注意重心腿与另一腿的虚实分明。本动身体左转，极易破坏原有的虚实分明态势，可用自我检验法时时验之，即能不动声色提起虚脚，则为正确！计数仍需从 1 数至 10 完成。

姿势动作：随上动的左臂松落后的惯性，左臂仍沿隅位方向离开身体约一尺左右后，面朝左手（隅位）方向身体直起，手臂恰与肩平，身体重心在左腿不变；目视左手前平远方（图 8–63）。

图 8–62

图 8–63

神意运使：松腰松脚均可使身体直起，松脚起时可觉底气充沛，而将身体托扶而起，另左手向极远处画线，身手可自然而起。

行功释义：身体的意思不可主动直起，否则会产生憋气负重感，应是身体随左手在外的意思缓缓而起，左手的意思则远逐神意，注意左手臂不要主动抬举，起身时宜同时呼气。计数从 1 至 10 完成。

第五动　双手上举

姿势动作：左手上举至上方隅位（西北），大指向上，掌心渐变至向身体正前方；左腿负重；目视左手上方高远处（图 8–64）。

神意运使：左手追逐视线，意思逐一自食指、中指、无名指、小指至大指向外高处舒展，形成左侧的上下一线。

行功释义：此动原为掌型，再逐一展指，只是行功要求，纯以意思行之即可，计数从 1 数至 10 匀速完成。

姿势动作：（接上动）右手自额头处经左侧隅位向身体上方举起至右肩上方高处；左手亦随之上举于左肩上方高处；身体重心在左腿不变；目视头顶上方（图 8–65）。

图 8–64

图 8–65

神意运使：右掌接续左手追逐视线举起，以松肩行功完成，或意如置手于云雾之上，则可感周身轻松舒展。

行功释义：此式名白鹤亮翅，这是亮翅前的准备工作，双手当极力（极力者非用力，乃是极尽神意舒展之能）舒伸，意如鹤欲展翅起飞前，先将双翅展开。计数自 1 至 10 逐渐完成。

第六动　双肘下垂

姿势动作：双臂曲肘下落，至上臂成水平或略低时双掌翻转，使掌心正对己身正面。腰胯微沉降，右脚虚置地面，重心仍在左腿；目视身前平远处(图 8-66、图 8-67)。

图 8-66

图 8-67

神意运使：双手臂的下落由松肩垂肘的行功来完成，注意身体上下一条线的垂直。

行功释义：手臂不能主动下降，十指自食指、中指、无名指、小指至大指依次伸展，可使双手被动翻转，同时放松腰胯部分成半坐姿势。定势后可使一人于面前托住双肘，不使下落，若行功用意得法，可使其人失衡而己肘自落，反之如是肩肘下压沉坠，则己身会因受力而不稳。

练功要言：道不远人，人自为道而远人

道不远人者，道本无形，因人作为呈相而具体；道本无为，因人动心存念而有法；道本自在，因人随缘当机而得空。是故无人则无事，无事则无道。

人自为道而远人者，道本真实自然，而愚者以为稀有之物，故以世间虚幻不实而为道，显奇迹弄玄虚，异情理之义，悖事理之常，乖伦理之教，以人皆不知，唯我所行是。此喻愚痴之人处道中而不自觉，以邪思异见而自离经叛道，尤自以道自任尔。人莫求道！道自在耳！诚所谓：

佛法在世间，不离世间觉。离世觅菩提，犹如求兔角。

第六节　搂膝拗步行功法

搂膝指手法之表象，拗步是下盘之形势，运动时双手一前一侧，一正一辅，转进如仪，似开而实合，要在顶劲不失，自得中正自在之功。

第一式　左转搂膝

第一动　左手垂落

姿势动作：身体左转 45°，左手自然松落至左大腿上方，掌心向上；右手渐变虚勾置右耳侧外；同时体重移于右腿；左脚虚置地面，成左虚步；目视左手前上方平远处（西北）（图 8–68）。

图 8–68

神意运使：放松腰胯使身体重心微有下降，收吸右侧腹股沟可使体重负于右腿，手势动作通过松肩垂肘完成。

行功释义：这是左搂膝式的准备工作，应全身放松，以便于重心轻松自然变转。左手下落尤须纯以松肩垂肘完成，不能有主动向下的意思，右掌变勾和起势双手变勾意义功法相同。视线由开始时的在原身正前方，渐向左转而渐向上行，以领起顶意，切不可去照顾左手左脚。计数自 1 至 10 逐一完成。

第二动　左脚左开

姿势动作：左手翻转至掌心向下，随同左脚一起向左侧外开半尺许；左脚尖对左侧身前（原身体左侧正线），两脚成直角形，脚跟内侧间距约为 5 寸左右；右手逐渐变掌向胸前松落，身体重心仍在右腿；目视左脚尖前上方

（正西）（图 8–69）。

神意运使：左手五指意思置左脚背上，通过收吸左侧腹股沟领起左脚向外展开。意如手执扫帚扫一杂物，手是帚，脚则是杂物。

行功释义：这是为下动铺路，计数时以意收吸腹股沟为好，自 1 至 10 逐一完成。

第三动　下坐展指

姿势动作：视线向左侧身前远去，上身直起，身体微有下沉；右虚勾逐渐变掌下落于胸前，右腕与胸间距为 20 厘米左右（图 8–70）。

神意运使：领起顶意，腰胯放松，收吸腹股沟则身体自然有松沉形态，注意在调正上下一线后行之。

行功释义：为适应下动要求，身体松落时，左膝伴有微曲之形，但不承担丝毫体重，形体上似已承负重量，这是欲实先虚的法理表现。计数自 1 至 10 完成。

第四动　重心前移

姿势动作；身体重心前移于两腿中间；手势不变；目视身前平远处（图 8–71）。

图 8–69

图 8–70

图 8–71

神意运使：身体一线的下端即右脚中心点位置，用意渐向前移至大趾下（计数自 1 至 5 移至涌泉穴，6 至 10 自小趾移至大趾）。

行功释义：这是重心转换的前半部分工作，所谓“实的更实”（右脚）、“虚的更虚”（左脚）。注意：先“重心移”，后“体重移”！

第五动　体重移左

姿势动作：身体重心继续向左移动，右腿蹬直，使身体重量完全负于左腿，成左弓步；右脚跟外旋使脚尖朝前；手势不变；目视身前平远处（图8–72）。

神意运使：意思右膝后收，自 1 数至 10，同时神意远瞻，自然可领起上线，随右膝的后收舒直而自然相合于左下线，形成左侧上下一条线。

行功释义：这是虚实在两腿间转换的原则表现，原虚脚不帮忙，而自然承重。

第六动　右掌前展

姿势动作：右掌掌指由指向身前渐转向右，使掌心突出向前；左掌下按于左胯外侧；目视右手前平远处（图 8–73）。

图 8–72

图 8–73

神意运使：松肩垂肘行功即可使上述姿势动作被动完成，但切记先要神意远瞻，领起精神，树正上下一线。

行功释义：拳经曰“按在腰功”，是指腰胯下沉而形成右手的前按，所以手按只是外形，不可有意乃至用力使手去按、推。此动需要整体放松以协调身心，仍依渐变原则运行，计数则自 1 至 10 完成。

第二式　右搂膝式

第一动　右掌下按

姿势动作：右掌自身前左脚正线上下按至左大腿上方，此时右腋下与身体的夹角为45°，如同起势双手臂下落的位置；目视右手前（图8-74）。

神意运使：右手如被线系吊着逐渐放下，松肩行功的意思不断也可形成本动，或用意思舒展五指。

行功释义：右手松落当在左脚正线上，目视仍在此线上远处。计数时意在松肩，可从1至10完成。

第二动　左手上提

姿势动作：左掌自左胯外向前经右手大指侧上提至左耳侧外时成虚勾状；右手不动；视线转向身前平远处。随即通过收胯，提起右脚自后向身前以脚跟点地，落于身前右脚正线上，脚尖上翘成右虚步；目视身前高远处(图8-75—图8-77)。

图8-74

图8-75

图8-76

图8-77

神意运使：同起势松肩变虚勾的道理一样，左肩通过松肩行功，使左手成虚勾形，同时因为神意上领及垂肘的肢体自然反应，使左手被动提起；

虚领顶意，感到周身轻松后，即可随意带动右脚向前落下，同时收吸两侧腹股沟。

行功释义：计数时意在松肩，可自 1 至 10 渐变形成。神意的向上领起是右脚上步的原动力，所以右脚的运动完全是被动的，被动则不会出力，积渐为功，久则自然松净。

第三动　落脚展指

姿势动作：右脚平落，左虚勾落于胸前上方时渐变成掌，右手随势扶转至右脚线前（图 8–78、图 8–78 附图）。

神意运使：虚领顶意，放松腰胯收吸腹股沟，使身体重心微微下降，右脚自然平松落地，同时左手在随松肩垂肘而松落的过程中逐一展指成掌，置于面前，目视远处。右手随松肩垂肘的意思而随行至右脚心线上方。

行功释义：此动精神领起而使身体松沉，周身处轻松灵动之几，预为下动扫清障碍。

第四动　重心前移

姿势动作：腰胯松落下沉，右膝相应弯曲，身体重心逐渐向前移动至两腿中间；手势不变；目视身前平远处(图 8–79)。

图 8–78

图 8–78 附图

图 8–79

神意运使：保持上下一线，而意在中心点位置渐渐移至大趾下，从中心点数 1 至 5 到涌泉穴，复自小趾数 6 至 10 至大趾下，顶意上引，左手指意向远处追逐视线。

行功释义：重心移动，至关紧要，故不厌其烦，再三描述，犹恐辞不达意矣！

第五动 体重移右

姿势动作：身体重心继续前移，至左腿逐渐伸直，成右弓步，体重完全负担于右腿；左手掌心向右、手指向前；右手滑至体侧（如第一式第五动），指尖斜向右侧下方；目视左手外平远处（图 8–80）。

神意运使：神意远瞻领起精神，左膝后敛隐收使左腿舒展伸直。

行功释义：计数自 1 至 10 渐次完成。

第六动 左掌前按

姿势动作：身体重心不变，左掌手指渐转向左，使左掌心突出向前（西）展按；右掌自然松落至身体右侧外，掌心向下，指尖向右侧外下方，轻扶下按于右胯外；目视左手前平远处（图 8–81）。

图 8–80

图 8–81

神意运使：神意领起，在周身轻松的感觉中，会有整体的松落沉降意。

行功释义：具体的两手动作均是在整体放松中再松肩垂肘而完成。

此动依渐变原则，一一松运，可不用计数，以免产生对待。定势后的善后调整，是视线再加意向远处舒展一次，要在严守中正原则，于无形中协调检验身心所处位置是否合理、正确。

第三式　左搂膝式

参照“右搂膝式”，只易左右即可。

第一动　按掌提手

如图 8-82—图 8-84。

图 8-82

图 8-83

图 8-84

第二动　上步落脚

如图 8-85、图 8-86。

图 8-85

图 8-86

第三动 重心前移

如图 8-87、图 8-88。

第四动 右掌前按

如图 8-89。

图 8-87

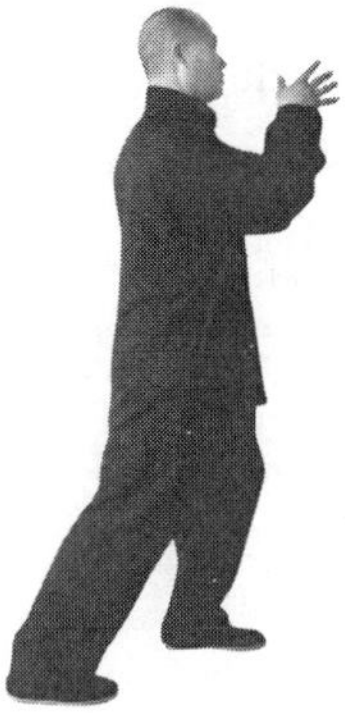

图 8-88

图 8-89

第四式 左手前展

第一动 身体左转

姿势动作：保持上动定势身手姿势，整体向左微微转身，重心在左不变；右膝随转身相应微屈；目视转身后的前方（图 8-90）。

图 8-90

神意运使：脚下中心点位置的意思，原来在左脚大趾上方，依次渐转至小趾，使面向自然转至小趾前。

行功释义：这是后退行功法，因是在负重腿上行功，故无大动，而以意行之。

第二动 重心后移

姿势动作：身体重心逐渐向后移，至右腿负担全身重量，左腿伸直，左脚尖翘起，成右坐步；上肢姿势不变；目视右手掌心外平远处（图 8-91、图8-92）。

神意运使：先舒松腰胯，使身体微有沉降，再将中心点的位置自涌泉穴后移至原中心点，复再引领视线隐收左膝，使左腿自然展直，脚尖翘起，右腿已在不知不觉中自然承受了全身重量。

行功释义：本着凡动皆走外圆弧线的指导原则，才有上动的向左转体。本动的松沉转换，为的是避免直行的抽扯。计数自 1 至 20 渐次完成。可使一人于面前用力推按我身，若退则必不能化其力，可依法先向左转（如是右脚在前，即向右转），再向下沉，继之放松收回。当可体验“引进（使彼）落空”之妙，也可以通过收吸左侧腹股沟完成。

第三动 身体右转

姿势动作：保持身心姿态，身体再向右转至正向（西），视线也随身转向正前方（图 8-93）。

图 8-91

图 8-92

图 8-93

神意运使：收吸右侧腹股沟，则上体自然转正。

行功释义：前两动为“随曲”的意思，此动为“就伸”之前的态势。

第四动　左手前展

图 8-94

姿势动作：左手自腹前向前再向上伸展，掌心向上；同时右掌翻转使掌心向下，轻扶于左臂内侧，与揽雀尾左抱七星定势相同（图 8-94）。

神意运使：左手的意思，自右脚大趾处向前追逐视线而舒展，愈远愈高，自然在上；右掌随势松落，自然转至左臂内侧。

行功释义：此动定势与左抱七星同，唯神意决不可有抱七星时的心意、神气合于自己身体的念头！当随视线离体远去，久则方有无我之感悟。搂膝拗步是太极拳十三势行功要诀中"进"的典范。可单独练习，以增加进步虚实转换的经验。

练功要言：也说"炼精化气"和"炼气化神"

所谓炼精化气，是将饮食之精，生成营卫己身之气，运送周流。本属自然，所以常人皆有此能，否则早已不测。古语"饭后百步走，活到九十九"，即是此义。唯拳家以拳式运送，可渐明其循环之由，而速见气血充盈、筋骨强健之效。使人一见可知我精神超常，气力十足，也就是明劲阶段。在此阶段中，身体本有亏损的，均可不药而愈，日趋强健，所以也可说是卫生功夫。

久处此境，肢体动作由刚健而趋于柔顺，且更加协调。脏腑筋骨气血肌肤于健壮中形成一统，此时心意渐能顾及身外之物，而拳术攻防之意自然明了。物我之间有所应对，皆能从容举止，更上则可料敌于机先；外形所显则神清气爽，不见用力而力可施于人身。当此时也，不说手脚，全身筋骨皮髓，皆能尽其用，这是因为精气因运转之功而成凝神之效，也即是已达炼气化神的易筋之境了。

按：拳术三层道理、三步功夫、三种练法之名目不过是采自道家学说，自与道家功法有所不一，所以不能亦不宜与道家功法相提并论！而历来练家，多高尚其说，以道功解武学，愈演愈玄，不亦失之凑合乎？拳道法理，虽然境界精深，而入手本极平常！试想，一干凡夫，如何可行菩萨道？岂不闻太上"道，朴，无名"之教乎？三实是一！所以言三者，进境有别！学者切莫自误。

第七节　手挥琵琶行功法

此式又名怀抱琵琶，取名手挥是因其时为奏乐之形式，意当轻柔有致；取名怀抱是因其形若抚琴之气象，势应松紧有度。

第一动　翻手落脚

姿势动作：左前臂外旋，使掌心翻转向下，手指指向身体右侧隅位；右掌随转至掌心向上，中指轻扶左腕脉门；同时左脚落平；目视左手指前高远处（图 8–95）。

神意运使：双手的被动翻转是松肩垂肘的结果，手的意思自身需有旋转向前意（无形动），同时以收吸腹股沟而使左掌松落，手逐视线而有旋转向前的意思生发。

行功释义：这是承上启下的运动关键，计数时自 1 至 10，以意想依次舒展五指（左掌）。

第二动　重心前移

姿势动作：两膝微弯，使重心前移至身体两腿之间，实则仍由右腿负担全身重量，保持手势随重心移动不变；目视左手前方平远处（图 8–96）。

图 8–95

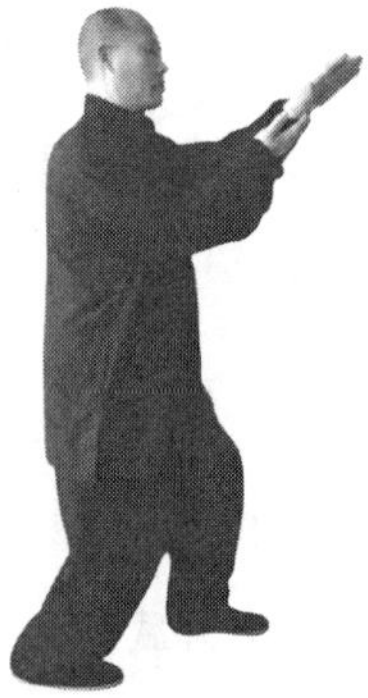

图 8–96

神意运使：先虚领顶劲，重心自脚下依次向前（计数自 1 至 10）至于右脚大趾下。左膝相应弯曲，形势如两腿分担重量，实际左腿仍旧毫不负重。左手意逐一舒展后，自右侧隅位向前，在极远处循弧线至于右脚正线前方，此时左脚以能在身体不动状态下提起（心意运使上以能自然收起）为正确。

行功释义：这是太极拳诀中“太极没有手，手到不再走”的体现之一。没有手是说“手本身不能主动运动”，手到是指被动到指定位置后，手即不再走。如人去某地集合上车，而赴某地，未上车则需上车（手到），上车后即无须人行。所以诀语指明“手上（是）松空转”，动力则是“脚下（的）阴阳变（转）”。

第三动　重心移左

姿势动作：体重完全移于左腿，成左弓步；左（右）手随之指向左脚正线前上方；目视左手前平远处（图 8–97）。

神意运使：保持上动定势态势，意收吸腹股沟，右膝渐次后收 10 次，使体重自然移交左腿，手随视线，在身前远处随身体重心的转换而至于正前方(左脚正线)。

图 8–97

行功释义：这是常规的虚实前后转换，注意依据因果关系而把握被动运行，得自然放松功效。此动定势时形成在左侧的人身一线，正对身体左侧前方。

第四动　身体左转

姿势动作：仍旧保持上动定势时态势，身体左转 30°，双手随转身，随视线指向左侧隅位（西南）（图 8–98）。

神意运使：收吸左侧腹股沟，形成上体的左向动转，动转时手的意思在前方循弧形渐变，身体一线保持不前不后不左不右，所谓“不偏不倚”，而重心的意思自左脚大趾向左侧渐次外展至隅位。

行功释义：注意加意放松左侧腹股沟完成动转。计数自 1 至 10 完成。

第五动　立掌收脚

姿势动作：接上动，左掌继续转至左侧隅位时，外旋使大指朝上成平侧立掌，手指向前（西南）不变；右脚收上附于左脚内侧，平松落地，重心仍在左腿；目视左掌前；右掌也随之旋转前臂，以立姿仍扶左肘弯上方（图 8–99、图 8–100）。

图 8–98

图 8–99

图 8–100

神意运使：松肩垂肘形成左掌侧立，视线远瞻，内敛右胯导致右脚自然收回。

行功释义：此动无须计数完成，在熟悉行功因果的情况下，只须领起精神，周身一松（吐一口气），一挥即成。图 8–99 是承上启下的姿势，图 8–100 是右腿收上姿势。

第六动　托举长身

姿势动作：身体逐渐长起，左前臂外旋，使掌心渐转向上、手指斜向左侧（西南）上方；右掌随起身而逐渐以掌心贴扶身体松落至右侧腹外；目视左手前上方极远处（图 8–101、图 8–101 附图）。

图 8-101

图 8-101 附图

神意运使：松左肩垂左肘，使左臂自然外旋，旋即松脚一领到顶，渐渐提起身形，左手意如摘星月，右手松肩垂肘，随起身而自然贴身下落，至右侧腹部。

行功释义：渐变时注意，神意舒展入于无限高远处，而在于有无之间——有限动态，无限情意！计数自 1 至 10 完成。

练功要言：

无人无物，唯有太极！无一切物，唯有太极！

抛弃自己的一切思想行为。不思善！不思恶！不思非善非恶！

亦不要想这个我做不到、那样我做不了。须明此身亦是虚幻合和、因缘应机、随感而生，且不是我所有，有何不能受！

身虽非我，命却由我！命由心造！

凡动只问是否符合拳道法理，合理依法正行即是造命。任何言行只有太极拳，自然易入无为境！境中景象只有入境者自知!!!

（此段话反复念诵，以期理上先入，再以之约束身心，则拳道不远矣。）

第八节　上步搬拦捶行功法

搬物需用腰力，才觉轻松，用功故要圆转且主次分明；拦法是以正驱邪，轻松行气可为;捶势居于身中,要在冲虚轻灵处揣摩。

第一式 双手合抱

第一动 左手松垂

姿势动作:左臂先微上举,再垂落于面前,手指向上成立掌,掌心向右立于面前,大指对正鼻尖,在鼻子前方,相距约一虎口,重心仍在左腿;目视左手前平远处(图 8-102、图 8-102 附图)。

图 8-102

图 8-102 附图

神意运使:通过松肩垂肘的行功,即肩肘的意思直入地下深处,形成本动定势。

行功释义:这是搬拦捶式的预备动作,切要不动身手,才能逐一体会自上而下的节节贯通的松落。计数自 1 至 10 完成。

第二动 重心移右

姿势动作:体重逐渐右移使右腿完全负重,左脚虚置于地面,成左虚步,达到虚实完全分明的要求;身手保持上动态势不变;目视身体正前方(西)(图 8-103、图 8-103 附图)。

神意运使:舒松腰胯的行功,会形成身体的微微下沉,再收吸腹股沟,

图 8-103

图 8-103 附图

注意左脚下中心点部位的意思，逐一向前移至大趾下，再逐次收吸右侧腹股沟形成本动。

行功释义：转换虚实计数时，如同以意将身体提起，自然放置右下线上。计数自 1 至 10 完成。本动基本无形动，以意贯串，重量转换前要按“虚了再虚，实了更实”的原则要求认真完成。

第三动　双手合抱

姿势动作：放松腰胯，右腿下坐，两膝相应弯曲，使身体重心下降至常规高度；同时左手向右侧松落，掌心向下，与右手虚合于右侧腹前，掌心间距半尺左右；目视身前平远处（图 8-104、图 8-104 附图）。

图 8-104

图 8-104 附图

神意运使：收吸左右腹股沟使身体松落，松肩垂肘使左手下落与松右肩形成的外展右掌相合抱于身前。

行功释义：搬拦捶也叫“上步搬拦捶”，这是上步前的准备，以保持上下一条线的垂直、求得身体的中空为要。左手下落虽要用意照顾，却绝不可目视。计数自 1 至 10 完成。

第四动　手脚伸展

姿势动作：双手相抱微转，以指向身前右侧隅位（西北）伸展；同时左脚向前上步以足跟落地，脚尖上扬，成右坐步；目视左手前平远处（图 8–105、图 8–106）。

图 8–105

图 8–106

神意运使：松肩垂肘使双手微有下落，意思（两手）却要合于右脚，右脚五趾自大至小逐一远展（用意无形动）而带动双手前伸于隅位。

行功释义：因脚趾是向前无限伸展，愈远则愈高，视线自然在其意远后而渐自升高，以神意上扬而领起左脚收上置于身前。计数自 1 至 5 完成。

第二式　进身搬势

第一动　左脚平落

姿势动作：身体微向下沉，左脚落平，身体重心在右腿不变；目视身前平远处（图 8-107、图 8-107 附图）。

神意运使：收吸腹股沟，导致腰胯逐渐向下松落，形成左脚掌平松落地，同时双手有向前方上引的意思。

图 8-107

图 8-107 附图

行功释义：这是“欲上先下”的规律体现，注意身手不动，意思还须外放。计数自 1 至 10 逐一完成。

第二动 重心前移

姿势动作：两膝微屈，体重逐渐向前移动至身体两腿中间；两手如抱物状，随重心前移而指向前方（正西），呈上升状态；目视左手前平远处（图 8-108）。

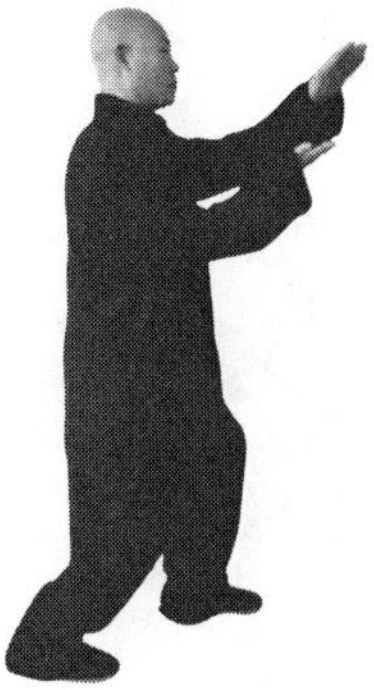

图 8-108

神意运使：身体重心的意思，自右脚下中心点位置渐次前移至右脚大趾，形成本动；双手的意思向身前远处循弧线追逐视线而渐起平与胸高。

行功释义：做此动时，心中决不可有下一动的意思，才不会有动意及主动行为，或有出力现象等错误行为。

第三动　体重移左

图 8–109

姿势动作：身体继续向前移动，右腿逐渐展直，至体重完全负于左腿，成左弓步；左右手随身而动，左手在前，食指与鼻同高，掌心向下；右手以中、食指轻扶左手腕脉门处；目视左手前高远处（正西）（图 8–109）。

神意运使：神意远瞻，领起顶劲使周身轻灵，收吸左侧腹股沟，右膝后敛舒伸，使体重自然移至左腿。

行功释义：此动须神意上领，手指在外轻扶，脚下重心转换，整体相携，一动俱至，因成果就，自然合理得法。计数自 1 至 10 完成。

第四动　左转沉坐

姿势动作：保持上动态势，向左转体 10°~15°，左手食指与左脚小趾上下对照（正）；目视左手身前高远处（正西偏西南）（图 8–110、图 8–110 附图）。保持上动身手态势不变，只往下沉腰坐胯，使身体重心微降，后腿微曲；仍旧目视身前高远处（图 8–111）。

图 8–110

图 8–110 附图

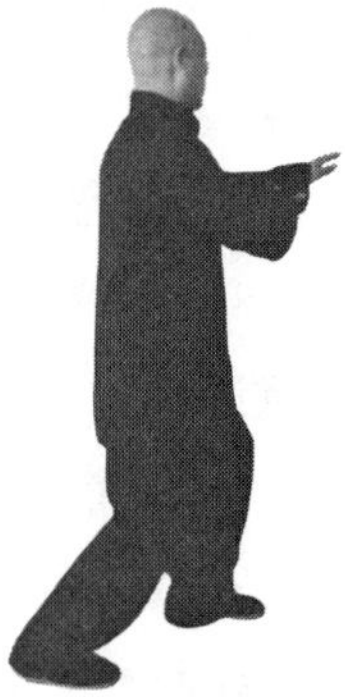

图 8–111

神意运使：逐一收吸左侧腹股沟形成身体的左向动转，身体重心的意思自左脚大趾渐次移至小趾。上述运行时，左手的意思在外轻扶圆线，随转体而向左、向外被动而行。下肢方向不变，只上体左转，注意负重的左腿不要使产生扭曲感。虚领顶意，神意上扬至与天壤交接，收吸腹股沟，放松腰胯，形成上体的微微下沉，右膝自然微屈。

行功释义：这是结束此势、领起下势的关键行功部分，切要依法合理在心中一丝一毫检验要求，在身上一分一厘把握感受。勿以过小而不纠，至失之毫厘，而谬以千里之外！这是“搬拦捶”中“搬”的具体做法，自 1 至 10 渐数完成。

第三式　后撤上拦

第一动　重心后移

姿势动作：两膝微屈，身体重心后移至两腿中间，手势不变随身体后移落与胸平；目视左手前方（图 8–112、图 8–112 附图）。

图 8–112

图 8–112 附图

神意运使：身体重心的意思，自左脚大趾依次移至左脚小趾，复自涌泉穴后移至左脚下中心点部位。

行功释义：这是虚实转换前的虚实分明。形体上似由两腿分担体重，实际上右腿毫不负重。计数从 1 至 10 渐次完成。

第二动　体重移右

姿势动作：身体重心继续向后移动，至右腿完全承重，左脚尖随势翘起，成右坐步；双手手势不变随身运动；左手前臂以水平程度为准，置于左腿外侧，掌心向下，手指指向左侧隅位（西南）；右手掌心向上，食、中指轻扶托住左腕脉门，置于左大腿上方；目视双手前上方（图 8–113、图 8–113 附图）。

神意运使：神意领起，意识中在瞬间将自己身体放弃，左膝依法向后收隐至左腿展直，使体重自然转移至右腿。

行功释义：体重后移时，意当以收吸腹股沟为主。计数从 1 至 10 渐次完成。

第三动　身体转正

姿势动作：保持上动身、手姿势不动，上体整体右转至右脚正线上（正西）（图 8–114）。

图 8–113

图 8–113 附图

图 8–114

神意运使：本动只须收吸右侧腹股沟即可完成。

行功释义：因为向外运行的原则，回来时在体外旋转，此动复返正线。计数自 1 至 10 逐一完成。

第四动　左掌上拦

姿势动作：屈左肘使前臂自然向上升起，左掌五指向上置于面前，大指指甲部对正鼻尖；右手拢握成拳，手臂位置不变；目视左手前平远处（图8–115、图 8–115 附图）。

图 8–115

图 8–115 附图

神意运使：松肩垂肘，视线远瞻使左掌被动立起。

行功释义：这是搬拦捶式中拦掌势的定势动作，左手上拦只是形状，决不可心生拦人来势之意。计数自 1 至 10 逐一完成。

第四式　进身冲拳

第一动　动脚平落

姿势动作：目向身前远处平视，放松腰胯，使身体重心微微下降，左脚自然平落于地面；重心在右腿不变；同时左手向下轻扶于右拳面上（图 8–116、图 8–116 附图）。

神意运使：用意收吸右侧腹股沟，使身体自然下降，腰胯松沉，左脚自然平落，松肩垂肘，使左手自然松落。

行功释义：每逢重心下降的动作可节节为之，如先使肩松落胯上，胯又松落脚下，脚则求松静与大地相合而已。计数自1数至10完成。松肩易使心气下降，松脚可感周身轻灵，学者切须逐一揣摩谨慎为之！

图 8–116

图 8–116 附图

第二动　重心前移

姿势动作：身体重心逐渐向前移动，至处于两腿中间；左掌轻扶右拳拳面于心口下微向前去；目视身前平远处（图8–117）。

神意运使：身体重心的意思，自右脚下中心点位置依次前移至右脚大趾，同时松肩垂肘，使两手相合于胸前下方。顶意领起，可感腰胯的松沉。

行功释义：古人“虚领顶劲，气沉丹田”是指能领起顶意，则中气自然下降而能使腰胯稳固。切要牢记“变转虚实须留意”！计数自1至10逐一完成。

第三动　体重移左

姿势动作：接上动，重心继续前移，至右腿自然舒展伸直，成左弓步，身体重量完全负于左腿；同时右拳向前平胸或稍高冲出；左掌不随右拳前进，自然附于右臂弯处；目视身前平远处（图8–118）。

神意运使：收吸左侧腹股沟，同时右膝有形后收，形成体重完全由左腿负担。右拳随进身之势向前舒展，左掌松落。上述意思前先要领起精神。

图 8-117

图 8-118

行功释义：运动时可以以意无形收吸左侧腹股沟，也可注意收隐右膝。计数自 1 至 10 逐一完成。

冲拳其实并无前冲甚至伸展意，只随身进而保持与身体的原距离即可，所以不能有意前冲或前伸。只松落左手，显出右手的合理位置。

第四动　调神正形

姿势动作：同上势，保持上动态势，领起神意，感受中正即可。

神意运使：视线远瞻，使中气沉降并可使右拳意向高远处舒展。

行功释义：这是搬拦捶式的结束动作，要在调整身心，即拳经所谓"虚领顶劲，气沉丹田，不偏不倚"。

练功要言：说平常

学太极拳，求归自然；而自然之道，无非平常。古人参学，都是于平常处悟到真理，而学人初时又都是把道看得玄虚。

昔日洞山禅师四方求学，而不能彻悟。偶见水中影像，豁然而明。王茂斋先师见石匠凿碾盘而得意，李经梧被磨撞而知机……可见平常心实自平常处得来！但看似漫不经心，其实都是于平常时节刻刻在意、处处留心，才有可能于不在意时自然得到。

第九节 如封似闭行功法

封者，封挡外来之邪；闭者，内闭己之门户，外逼他人之势。如与似的意思则是，以意而非使手用力！

第一式 体重后移

第一动 双臂交合

姿势动作：舒展右肩，使右臂放松，向前再微向左摆动，左肩放松，使左手向下松落、自右肘下向外穿出，与右臂形成交叉相合后上举于面前；腰胯微有沉降，身体重心在左腿不变，右膝相应微屈；目视身前平远处（图 8–119、图 8–120）。

图 8–119

图 8–120

神意运使：精神领起则腰胯自降，先左后右放松肩肘，形成本势。

行功释义：虚领顶劲是因需要去注意，气沉丹田是果，只须悉心感受。本势计数自 1 至 10 渐变完成。

第二动　重心后移

姿势动作：身体重心逐渐后移至两腿中间，两手渐向左右分开，右膝相应弯曲；目视身前平远处（图 8-121）。

神意运使：意想左脚重心自大趾渐次到小趾，再到中心点位置，形似两腿分担体重，实则仍由左腿完全负重。

行功释义：行功计数时可注意于收吸腹股沟，自 1 至 10 完成运行。

第三动　体重移右

姿势动作：身体重心继续后移至左腿伸直、右腿完全负重，左脚尖翘起，成右坐步；两手左掌右拳在面前左右分开，掌心向面，略同肩宽；目视身前平远处（图 8-122）。

神意运使：领起神意，左膝后收舒直。

行功释义：计数自 1 至 10 完成转换，收吸腹股沟，脚尖上扬，两手松肩垂肘而分开。

第四动　右手展指

姿势动作：保持身体重心不变；右拳自食指起，依次舒展中指、无名指、小指、大指，使指尖向上；目视双手前方平远处（图 8-123）。

图 8-121

图 8-122

图 8-123

神意运使：顶意领起，行展指行功法，每根指意上扶极高虚空，务必要一根走到后，再走下一根！

行功释义：展指是舒展神意获得肩部轻松愉悦的最好方法，逐一展指实为疏通手上经脉，所以决不可省略。计数自 1 至 10 逐一完成。

第二式　神意前瞻

第一动　下坐落脚

姿势动作：腰胯微向下沉形成坐姿；双掌下落于胸前，指尖向前，掌心相对，两前臂呈水平程度；同时左脚掌平落，虚置于地面；目视身前平远处（图 8–124）。

神意运使：先领起顶劲，继而放松腰胯、收吸腹股沟使重心下降，左脚自然落地，再通过松肩垂肘使双臂落平。

行功释义：领起精神后再行上法，便于把握轻松后的舒适感，行功意在收吸腹股沟。计数自 1 至 10 逐一完成。

第二动　前移重心

姿势动作：保持形体态势，身体重心逐渐前移，至两腿中间；左膝相随右膝呈微曲状，双手随重心前移；目视身前平远处（图 8–125）。

图 8–124

图 8–125

神意运使：身体重心的意思自右脚下中心点位置渐次前移至右脚大趾下，具体的行功靠收吸腹股沟完成。

行功释义：此动运行时，上面身体实际不动，所以只需注意脚下虚实变化，保持虚领顶劲，中正不失，即可轻松过渡。

第三动 体重移左

姿势动作：身体重心继续前移至左腿完全负重，成左弓步；仍然保持身手态势不变；目视身前平远处（图 8–126）。

神意运使：再领顶劲，右膝自然向后收隐至右腿伸直，使身体重量自然放置于左腿上，计数时从 1 至 10 以意收吸腹股沟逐一完成；双手以无名指引领前进之意。

行功释义：在右膝后敛收隐时，需要保持原来腰胯与两腿根部乃至裆部的关系（感觉），故在右膝收隐时，余处均不主动，也不随动，这样在右腿收膝至右膝伸直时，身体重量自然会被送至左腿负担。

第四动 双掌前按

姿势动作：双手内旋使掌心向前外成推按态势；目视双手前方平远处（图 8–127）。

图 8–126

图 8–127

神意运使：在松肩的行功中，双手由上动的无名指引领向前，而变为食指的意思引领向上逐一舒展，形成定势态势。

行功释义：按《拳经》“按在腰攻”的指导，此动中双手只是具推按形，实际是在虚领神意的前提下，放松腰胯而已。此处放松腰胯，要悉心感受腰胯的下沉意。定势时视线向高远处，计数自1至10完成。

练功要言：说文解语

一、不可思议

不可思议一语多见于佛学典要，盖言佛法微妙玄通，不可思议；佛菩萨慈悲度世，感应万物，不可思议；修行人依教奉行，所获利益不可思议等等。

此“不可思议”者，非其为功、为行、为用至深至高至大难以想象，乃是指佛法精微实在处，即是目前！即在当下！觉者便是！不必思议！若思议则“言语道断”已失之矣！

二、言语道断 心行处灭

言语道断是说正行某事，若一加入言语，则所行之事的路就断了。因为只有言语在，道无法存在（此语足为善纸上谈兵者戒）。言语不是道，即便它把道理阐述得再明白，也不是道！道是要人行的！所以太上早就教训：道可道，非恒道——《道德经》。

心行处灭是指，无心求道，只踏实行去，则心自寂灭而道自在。无心则寂，心自能行之始，即已不再于彼处思索（如自思我该如何如何用功，我身上何时才能见功等等一些虚妄不实之思）。

近人常曰：我思故我在。思为心思，我若在，则道何在？

三、抱圆守一

抱圆者，圆是虚有。因为它是意想而成的圆。虽然无形却要真抱！无形是虚，真抱是有。

守一者，一是实无！一是自身中心所在，虽然有形，却要空虚！有形是实，空虚是无。

四、随曲就伸

一义：若彼与我四手相接，而以一手运劲向我身送，我以彼手推击之我手，不事抵抗，随其用力大小、快慢而随彼动而动，此名随曲；同时，我以另一手将彼来力尽数转移向彼另一手及身上，亦势成推击之状，谓之就伸。此须敌推在前，我随势转力稍后。

五、粘连黏随

粘连为主动施为，宜在我居上风时；黏随须被动做法，宜在我居下势时。

六、忽隐忽现

忽隐忽现者，忽隐是悄然消失于无形之中，忽现则是又突然现于当场。来（现）无所从来，去（隐）亦无所去！

七、一羽不能加

“一羽不能加”可指不受力程度的描述，也是追求的目标，其实就是在运动过程中，时刻注意不加力，尽可能地做到不加丝毫力。则身心调和，如融入虚空。真能入境，自可体会“(其乐）融融”之乐！

注：辛卯春余至东莱，因沙河张先生问，一羽不能加跟练功有何关系，略一思索，即以此义作答。

凡拳学经典，一则指示窍要，二则明确目标，三则细述法理，四则实地能行。其论周际圆融，其理广大完备，太上无为无不为之旨略无少遗。学者果能潜入其内，不以表面之义为指归，究本探源，则拳道真义自然浮出。各人各自会其意，则知一字一句放之四海而不易！信哉！

第十节　豹虎归山行功法

豹虎归山隐喻运动形势稳重，含有虎豹不怒自威的意思。杨禹廷所传套路是把老套路的十字手叫做豹虎归山，把老套路豹虎归山叫做左右转身搂膝，也有些练吴式太极拳的为了区别进步的左右搂膝，而把左右转身搂膝叫做左顾右盼。动作名称大都是指示学者练功需要注意的特点，要用心揣摩，不可随便带过，失去先贤本意。

第一动　双掌前俯

姿势动作：双手前俯，使掌心向下，双手手指向前；身体重心在左腿不变；目视手前平远处（图 8–128）。

神意运使：先使神意远瞻，己身犹如被拎起之物，可动转由人，自然周身轻松，脚下虽然踏实在地，感觉上却与地面处于似接非接中，裆部的感觉如被吊起，即生圆虚。然后意在右手逐一展指，向身前追逐视线，同时松肩垂肘，形成姿势。

行功释义：这是在上式定势的基础上加意为之，无形而具意，可一动即成。亦可缓缓计数自 1 至 10 完成。当渐次寻找感觉，总要把握渐变原则，逐一得感。意思只在右手运行，是为了区分主次，左手及臂须一齐自然相应随动，计数自 1 至 10 渐次达成定位。

第二动　右转开展

姿势动作：右膝微屈，脚跟离开地面，左手不动，右手随身体右转90°，右脚跟也随之同步内合，使脚尖与手指方向一致，两腿成骑马势，身体重心仍在左；目视右手前平远处（图 8–129）。

图 8–128

图 8–129

神意运使：收吸左侧腹股沟，右手随逐视线转体而自然开展，也可以领起神意（觉己身如平置的风车之支架，肢如风叶而随风转动，以获轻松自如感为正确）。

行功释义：转身时不偏不倚，身心皆如是。形虽为马步，但重心仍在左，右脚只是虚扶地面。

姿势动作：接上动，继续向右转体 90°，重心先移至右腿，左腿随转体而自然伸直，成右弓步；目视右手前平远处（图 8–130、图 8–131）。

图 8–130

图 8–131

神意运使：收吸右侧腹股沟，右手食指追逐视线，转体定位。

行功释义：本势的重心转换是“此起彼伏”的原则表现，即原重心在十分充实的情况下，行功者的心神意气要将它完全丢弃，而只用心意到另一处施为。空实处，实虚处，虽然如此，但空虚处仍要渐空。如本势的空实处，即收吸左侧腹股沟，原虚腿（右）自会渐渐充实。提示：名虽为分，意在收敛；势虽为展，逐伸去故！

第三动　双臂上举

姿势动作：双手自身体两侧上举至隅位（图 8–132）。

神意运使：渐次松肩，再以右手追逐视线，可使双臂轻松上举。

行功释义：行功时默念数字自 1 至 10 完成。

姿势动作：双臂翻转，使双手掌心向身前向上，身高不变，同时收上左脚与右脚平行，约同肩宽（图 8–133）。

图 8-132

图 8-133

神意运使：神意向上领起，瞬间周身放松，形成此动。

行功释义：此动仅为上势余波，借以领起下势，之所以专为一动，因其寓意在承上启下处转换枢机。

第四动　身体直起

姿势动作：保持上动态势不变，双腿直起，右腿负重；目视上方(图 8-134)。

图 8-134

神意运使：渐次松脚，自 1 至 10 完成此动（切忌主动用力站起）。

行功释义：脚的意思离开地面，神意自然上行而带起身形。

第五动　双臂交合

姿势动作：双手同时自两侧隅位向上、向前交叉相合于头顶上方，左手在外（图 8–135）。

神意运使：渐次松肩是形成双手交合的原动力，两手的意思则各自划一大弧运行，致自然交合于腕部稍上部位。

行功释义：自 1 至 10 渐变运行完成此动，右腿负重不变。

第六动　双臂垂落

姿势动作：两手交合状不变，双肘下落至于胸前上方，也即双腕交合点下落至露出脸部，约在下颌部位；双腿弯曲，身体重心下降至正常高度，右腿承重与手势不变；目视身前平远处（图 8–136）。

图 8–135

图 8–136

神意运使：领起神意，行垂肘功法，使双臂自然下落。

行功释义：神意在身前极远处，观想己身松落，此所谓“神不外溢”。不外溢者，形也，置神于身外，自无外溢，返观己身，所以以神安心！身体重心下降时再数数自 1 至 10，意在收吸右侧腹股沟。意在守中，而觉圆满。

练功要言：

行秀参胜默光师。师教看长沙“转自己，归山河大地”话。半载全无入由。

师曰：“我愿你迟会。”

后参雪岩满。满曰：“你但行里坐里，心念未起时，猛提起见即便见，不见且却拈放一边，恁么做功夫，休歇也不碍参禅，参禅也不碍休歇。”——《续指月录》

第十一节　左右搂膝行功法

左右者，先向左去，次转右开也，旧传名为左顾右盼；又因步子在隅位开展，与常规弓、坐步不同，所以又名隅步搂膝。

第一式　左转开步

第一动　右转下按

姿势动作：上体右转至隅位（东北）；左手掌心向下松落至隅位下隅角止；同时右手渐变虚勾，随转身运行至右耳外侧；重心在右不变；目视左手上方平远处（图 8-137）。

图 8-137

神意运使：神意远去，在外纵横、圆转，是自身肢体运动的主宰。脚下中心点与虚领顶劲相照应，即为得中。

行动释义：加意放松右侧腹部与腹股沟，使上体自然形成被动的右向转动，松肩垂肘引导双手的右升左降。计数自 1 至 10 逐一完成。

第二动 左转开步

姿势动作：神意在外，向左平移转视，身体随之缓缓左转至左侧隅位（西北）止；左手不动随转身至指尖指向下隅角时，左脚提起（形如提起，实际是随转之身势，自然摆动）向左侧微开，脚跟着地，脚尖上翘，成左隅坐步势；同时右手逐渐舒指成掌，随身运动松落胸前，指尖对正左侧隅位；左手则因右手的变转及左脚的开展而至身体左侧（西），掌心向下不变；目视左侧隅位前平远处（图 8–138、图 8–139）。

图 8–138

图 8–139

神意运使：当目光随神意转至左侧时，随之向上领起，返觉自身上下一线的中正程度，以保障肢体的被动运转。

行功释义：因为神意的上领，左脚会自然随之提起开步。留意周身，尤其是腰、胯、胸、背部的加意逐一放松。计数自 1 至 10 完成。

注：肢体本来只有在松静的条件下才能随意运动，本来意就未失，又何谈“加”呢？这是因为我们练功是在改变多年养成的错误习惯，虽然因为学习而明白了正确的方法，但在改变的过程中，还是会受习惯势力的影响而又故态复萌的。所谓加意，就是随时照顾一下那些易于出现问题的地方，或是本身错误、顽固的地方，有则改过，不致把错犯大了；无则体静，而渐入清静平和的境地。

第二式　左搂膝式

第一动　左脚松落

姿势动作：重心不变，松胯使左脚平松落地；视线不变（图 8–140）。

神意运使：这是上一动神意上领、身体放松下沉的结果。右掌的意思也随肩肘的松垂意下落至地与右脚相合。

行功释义：此时的虚领顶劲，领起一身而有轻灵圆活之初机意趣，为下动扫清道路。计数自 1 至 5 完成。

第二动　重心前移

姿势动作：左膝放松并相应弯曲，身体重心逐渐前移至两腿中间；右手指随视线微向前（西北）展（图 8–141）。

图 8–140

图 8–141

神意运使：意在右脚下中心点，渐向前移至右脚大趾下。计数自 1 至 5 渐至涌泉，6 至 10 自小趾至大趾。

行功释义：这是重心转换体现在两腿间虚实变易工作的前半部分，是“实的更实”（右脚）、“虚的更虚”（左脚）要求的实践！这时，体重仍完全由右脚负担。

第三动 体重移左

姿势动作：上体姿态不变，身体重心逐渐完全移至左腿，形成左隅弓步，左腿负担全身重量，左膝对正身前；此时身体朝正前方（北）微向左转；视线与右手指均向隅位（西北）远方（图 8–142）。

神意运使：通过放松右膝，逐一减重至右腿完全舒直时，体重自然交由左腿负担。虚领顶意，以把握自身脚下虚实的平稳过渡；同时，自然领起、带动身体上线，随右腿的展直，而与左下线相合成新的一条线。

行功释义：本动和上动是虚实在两腿间转换的原则规律之具体体现。外形上似是虚实在两腿间逐渐过渡，实际自始至终完全由右（实）腿独立工作，原虚（左）脚在前半部分相应弯曲，后半部分被动接受重量，不能有主动要求承担体重的思想和动作。计数自 1 至 10 完成。

第四动 右掌展按

姿势动作：右手掌指微向右转，使掌心对正隅位（西北）前方，舒展轻按；左手同时按于左胯外，重心不变；视线远引不变（图 8–143）。

图 8–142

图 8–143

神意运使：加意松肩垂肘（右）即可成按掌态势，要在不失中正（上下一条线），所以神意要刻刻远瞻以定之。

本势中，身、膝（左）都是对正前方，而掌心对向隅位，对腰胯放松程度要求较大。上体或可以稍微左转，但有形不能存意（即我需左转的想法），左膝则不可有分毫偏倚！昔吴鉴泉师祖曾指出，脚步不在大而在正！大则不易收拢，正则可以照顾四隅。

行功释义：此动需全身整体放松来协调身心，可不计数，但仍要依渐变规律缓缓运行（当然也可从 1 至 10 完成）。关于按，拳经要求的是“按在腰攻”。是说按劲行功，是由腰胯部位的内运完成而表现在手掌的向前或向下的。所以，手掌本身不能有意用力去推，或去按压。应随神意的舒展、中气的下沉，来引动本体的手势成形。

注：本式与第六式搂膝拗步中“右掌前按”的不同之处在于脚下步子和所按方向。因为步子在隅位开展成隅步，与常规弓、坐步不同，所以又名隅步搂膝。

第三式　转身提手

第一动　左手下按

姿势动作：右手自身体左侧前隅位放松下按至下隅角；左手同时渐变成虚勾收提在左胯侧；目视身前平远处（图 8-144）。

图 8-144

神意运使：神意领起，向更远处遥瞻，可使周身内外上下既保持了中正，又能获得轻松感。

行功释义：通过精神领起后直接获得的腰胯松沉感来带动右手松落。有下按形，不可有下按意。视线切不可回视右手，因为会导致上体失中！计数自 1 至 10 完成。

第二动　身体右转

姿势动作：身体继续右转，左脚尖内扣 90°至右侧（正东），带动身体同步右转；两手不变随身运动；视线自左向右平移远引（图 8–145、图 8–146）。

图 8–145

图 8–146

神意运使：因是重心所在腿的动转，尤须顶意上引，以使扣脚转身轻松完成。

行功释义：视线系住远方，渐向右移，依次加意放松左、右腹股沟，渐渐转动，不必计数。

第三动 左手上提

姿势动作：左手松落垂至大腿左侧成掌型，再向右侧前隅位（东南）直臂平举如起势，而带动上体微向右转；右手则随身转而摆至右胯外侧；目视左手前平远处（图 8–147、图 8–148）。

图 8–147

图 8–148

神意运使：左手意于地下极深处渐向身前极远处运行，追逐视线至地平线上止。

行功释义：左手平举以及下动屈肘上提，都是神意在外引领的结果。只有神意在外，才易于时刻保持中正，略无偏倚。计数自1至10完成。

第四动　左手挑领

姿势动作：接上动，左肘松垂微屈，使左手微向上提起；同时右脚右开成隅步式，右脚脚尖上翘，脚跟着地；右手有向右侧的微动（手指向正南）；视线在左手前不变（图8–149）。

图 8–149

神意运使：本劲承上式神意上扬的余势，宜向更远处，周身自然一齐松落，得沉稳感。

行功释义：左手上扬是左肩松后再加意垂肘的结果，右手外展则是右肩放松所致。计数自1至5完成。

第四式　右搂膝式

第一动　右脚松落

姿势动作：重心不变，松胯使右脚平松落地；视线不变（图8–150）。

第二动　左掌前按

姿势动作：身体重心逐渐向右完全移至右腿，形成右隅弓步，右腿负担全身重量；此时身体朝正前方（东）微向右转，视线与左手指均向隅位（东南）远方，右膝对正身前，左手掌指微向左转，使掌心对正隅位（东南）前方，舒展轻按；右手同时搂膝后松落，轻按于左胯外（正南偏西）；视线远引不变（图8–151）。

图 8-150

图 8-151

练功要言：

气血要活，肢体松柔；形体要活，运动灵便；神意要活，思绪万千！一言以蔽之，要如长江大河滔滔不绝也!

立意如此，则练拳行功时如人熟睡时的气血，一刻也没有停止，否则气滞血淤，致生疾病。气血畅通则肢体松柔，肢体愈松柔则愈益于气血畅通，自然身体灵动。灵动者：形体本自不动，因物感触，随机而发动，所谓应物自然也！及至神意在于虚空之中随形而弛，思绪万千，皆是应物所感，随缘而生。不滞于某处，事来而始现，事去而随转。一而万万而一，有时身动而意止，有时意念而形绝。此起而彼伏，彼伏而他发。确如长江大河，有时亦如山间溪流，潺潺不断，是谓活耳。

第十二节　隅步揽雀尾行功法

此动因足踏一隅，故又名隅步揽雀尾，手势与思想与第二式揽雀尾后半部分类同。

第一式　右手回捋

第一动　右手前展

姿势动作：左手翻转，使掌心向上；右手掌心向上提起，自左臂弯处经左手臂外侧循弧线到左手上方，右手掌根在左掌中指尖上；右弓步重心不变；目视右手外平远处（图 8-152—图 8-154）。

图 8-152

图 8-153

图 8-154

神意运使：精神领起，自然松肩，右手随视线运动，可获神清气爽的功效。

行功释义：左手翻转，是手臂松旋所致，谓之被动，手是决不可以主动作为的！右手上举则是追逐视线的结果。计数自 1 至 10 完成。

第二动　重心后移

姿势动作：重心不变身体微沉，双手随之逐渐松落，至右侧腹前，随即重心后移，渐至左腿承担全身重量，右脚尖翘起，脚跟着地，形成左坐步；右手掌心向下，手指指向右隅（东南）；左手中指托扶右手脉门；视线微转向右前方远处（图 8-155、图 8-156）。

图 8-155

图 8-156

神意运使：身体重心的意思，自右脚大趾逐渐后移至小趾，复自涌泉收移至脚跟，使身体重量自然移于左腿。

行功释义：本着“一动无有不动”的太极拳运动规律，当重心后移时，左手托负右手，自然随身撤回，形同捋带。因学习日久，重心移动可以一次完成，以使功夫逐渐成片，但名目虽少，用功不减如前！计数自 1 至 20 完成。

第二式　右手掤展

第一动　转身落脚

姿势动作：上体左转至左脚前正线上（东）；同时双手翻转，左手在上、掌心向下，中指轻扶右腕脉门同前，右手在下、掌心向上；左坐步重心不变；视线由东南远方渐转至正东前平远方（图 8-157）。

图 8-157

神意运使：神意领起后，收吸左侧腹股沟，使身体自然左转，双手翻转以右手为主，过渡中依次用意舒展大指、食指、中指、无名指、小指。

行功释义：无论视线原在何处，而重新向所去方向远瞻，即为加意的虚领顶劲，亦名领起神意、精神。计数自 1 至 10 完成。

第二动　右手掤展

姿势动作：放松腰胯使右脚掌平松落地，随即前移重心渐至右脚负重成右弓步；同时双手依前姿势向前上方（东）舒伸；目视右手前高远处（图8–158、图 8–159）。

图 8–158

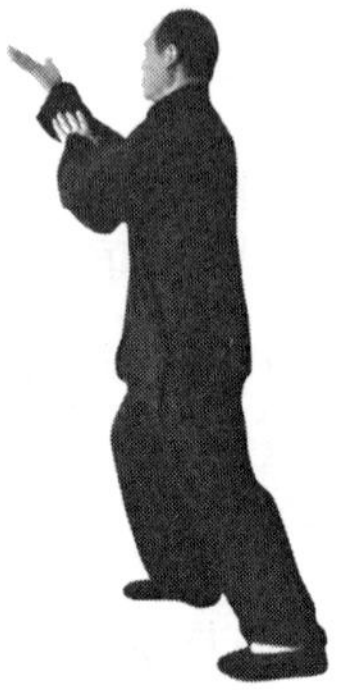

图 8–159

神意运使：神在外，意在脚下。

行功释义：此动同前，须计数自 1 至 20 渐次完成。

第三动　右手上掤

姿势动作：身体继续右转 45°（东南）时松腰，左膝相应弯曲，重心逐渐后移至左腿完全负重，右脚跟着地，脚尖翘起，成左坐步势；同时右手随后移之势，追逐视线自前转向侧面（西南）；左手依扶右腕不变；目视右手上方（图 8–160、图 8–161）。

神意运使：收吸右侧腹股沟，形成上体右转，领起精神，视线上扬，使腰胯部位瞬间产生空虚感成下坠形态。

行功释义：因为是隅步的关系，本动的上掤需右转至身后位置，较前幅度大了 45°。计数自 1 至 20 完成。

图 8–160

图 8–161

第四动　右手松落

姿势动作：松肩垂肘，使右手屈肘松落，手指向上竖立于右肩前（东南），左手仍扶右腕；同时身体左转，面向右手；目视右手前平远处（图 8–162）。

第五动　右掌前按

姿势动作：身体保持上动姿势，右脚尖转至身前右侧隅位（东北），整体向左转动，至身手同在左脚前正线上（正北），右手小指侧向前；左手扶右腕；目视右手前方（图 8–163）。

图 8–162

图 8–163

第六动　右掌右按

姿势动作：身体整体右转至右侧（东），以右手小指侧向前（东）轻按，重心渐移至右脚，右手食指与鼻同高；目视右手前平远处（图 8–164）。

图 8–164

神意运使：五、六动均须收吸左右腹股沟，意敛左膝。

行功释义：这是揽雀尾结束动作定势。第五动时重心全在左，第六动全在右。左脚可在原地不动，亦可收提至右脚内侧以脚尖点地形成右虚步。

练功要言：

许禹生曾以“纲举目张”来喻虚领顶劲之重要性。头为一身之纲，具领导周身运动之要，只有纲举才能“目张”。虚领顶劲的方法，拳经述之极明了：尾闾中正即可！尾闾中正，则上体脊骨自然正直而向上，视线自然远眺而致心胸空阔，此即是拳经“尾闾中正神贯顶”之显现。

顶劲领起后自然“虚灵在中”，可感到身体如一条垂直的绳索，但又若有若无虚虚灵灵的，而周身上下内外倍觉轻松愉快，这即是做到了“满身轻灵”的境界。而这种境界是因为“顶头悬”，即做到了虚领顶劲达到的。这中间又能揭开拳诀的另一个秘密，即不能单纯地从字句的意义上求其本意。比如上边讲述的拳诀原文是：尾闾中正神贯顶，满身轻利顶头悬。因为尾闾中正可使神贯于顶，也可先使神意在上而后再校正尾闾，尾闾校正后益发使神意虚灵向上，此良性循环。但“满身轻利”是因为“顶头悬”的原因。先去找“满身轻利”再求“顶头悬”是不可能的。身心愉悦，手足灵动——灵者自然，如驾云雾，脚不沾地，能如此则可达到“一举动，周身俱要轻灵”的行功要求。

第十三节　斜单鞭行功法

第一动　右手变勾

姿势动作：与第三节斜单鞭动作相同，唯方向不同，此势方向正东（图 8-165）。

第二动　左手打开

姿势动作：与第三节斜单鞭动作相同，方向东北（图 8-166）。

第三动　左脚平落

姿势动作：与第三节斜单鞭动作相同，方向东北（图 8-167）。

第四动　重心沉降

姿势动作：与第三节斜单鞭动作相同，方向正西（图 8-168）。

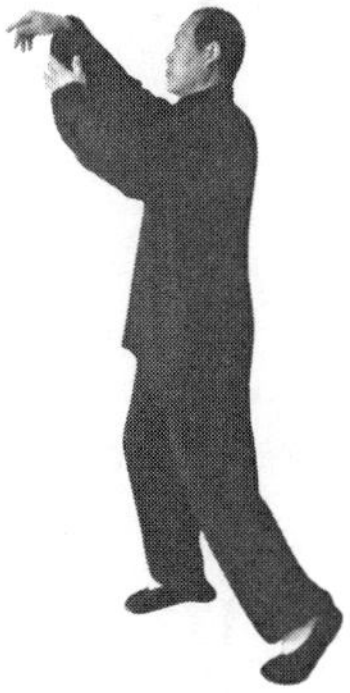
图 8-165

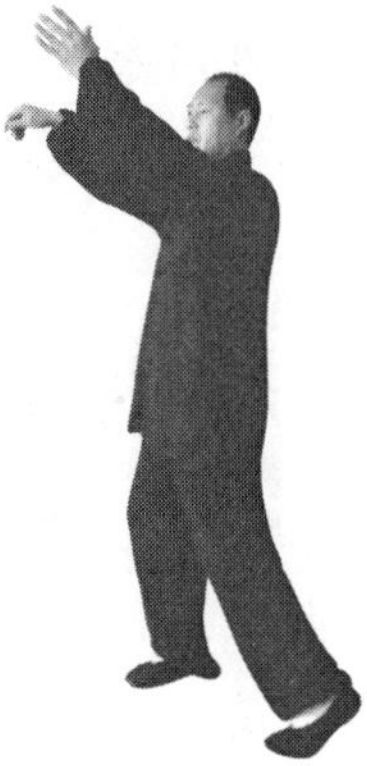
图 8-166

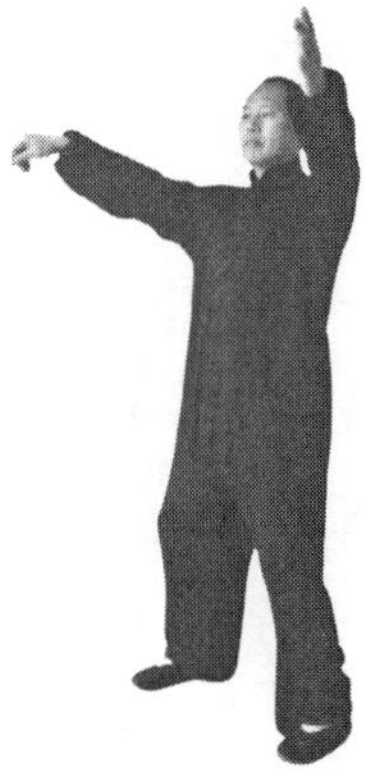
图 8-167

图 8-168

练功要言：劲意与劲力

神之意思往来，随之所欲，忽来忽去，缠绵不绝，自在故也！先贤以“顶劲”喻言实是意而上学，决不是力！今人多瞪眼怒目以求劲力上扬或意念在顶，但此意是在有意无意亦即若有若无之间，或可称为意思，而且此意思是“一念即逝”。所以名为“虚领”，非真实领。否则头已在上，还向何处再上领？

游目骋怀，但使平心静气，随意无心远瞻，即为“虚领顶劲”之实作法。要在使神不外溢，所谓独立守神是也。若是视物而有心或有心而视物，必然神去而只留形迹。如此则无法再虚领顶劲，失神之故也。反言之，虚领顶劲即是使神意若有若无、虚虚灵灵、自在顶上！先贤所谓拴锁“心猿意马”，即要使神不离体，意不在体。神不离体即“神不外溢”，意不在体即“意不露形”。昔太上曰：“内观其心，心无其心；外观其形，形无其形；（人观我）远观其物，物无其物（言我之视线远去）！”当即为此意也。

不主动运动肢体，纯以神行。此神与意不同，神当游于物外，不滞于行迹，不落于对待。斯合于自然之天道。天道者，有常故也。如日月星辰四季变转均有一定。所以过了一年多一年。而人事无常，故过了一日少一日。人能行功使己身凡动皆能契合于有常之天道，自然可超脱无常之人伦，可祛病延年乃至长生！

然行功中无意则神散，意重则气滞，难以把握。故要被动行功，即不主动及妄动乱动，而又使意存在于有无之间，需时自在即成有，不必要时自空而成无。若佛训“应无所住而生其心”（《金刚经》），道教“无为无不为”亦即此意。

第十四节　肘底捶行功法

本式行功的要点在于身体左右两侧的沉合，肘劲能垂得下，前手才展得开，右臂抱掤，虚接左肘，不以左拳名者，正为左手是果，右拳与左肘虚合才是因，故名肘底捶。

第一动 重心移左

姿势动作：左手左摆，左脚以掌为轴，脚跟内合使左脚尖对正左侧（正西），同时身体重心完全负于左腿；左勾手随转身松落于体后；右手伸展于左侧前上方；目视右手前平远处（图 8–169）。

神意运使：左手追逐视线，向高远处运行，引动上体左转，意在上可以不压迫负重腿，使体重得以轻松移左。

行功释义：左手外摆向上攀升舒展，是神意既高且远的直接体现，从而使脚下虚实变换轻灵自然。计数自 1 至 10 完成。

第二动 双臂摆转

姿势动作：重心不动，双臂同时左向摆动，左手向左、向右渐渐松落至股后成拳，拳心向后；右手向右、向上、向前变拳至额前上方，拳心向前；同时当双臂摆动时，自然带起右腿，向外（东）开步落脚，成左弓步；目视右拳前方（图 8–170）。

图 8–169

图 8–170

神意运使：神意自上动起，即在远处引领身体动转，左手亦不在视线之内，不须照顾左手。身、手皆系意于外。

行功释义：这是吴式太极拳中较少见的负重转体行功法。因为脚下没有依靠，重心的平衡稳定都取决于立身中正后的虚领顶劲，以及由此产生的腰胯中盘部位的无形扩展，使重心下降而获稳固感和轻灵意。右脚旁开是肢体自然的顺势行为，无须在意。计数自 1 至 10 完成。

第三动　重心后移（腰胯松落）

姿势动作：腰胯松落，右膝相应弯曲，重心渐向右移，至身体重心在两腿中间时，右拳向前落与胸平，左拳收至左胯侧；目视身前（西）平远处(图 8–171)。

神意运使：加意检查左腿负重时身体上下一线的垂直，即为虚领顶意，自然导致腰胯松沉下降。

行功释义：本动名为腰胯松落，并非专松或只松腰胯。须知太极拳行功，每一动转，均须整体内外一致的放松而为运动的基础，才能获得身手的协调，才能随意！之所以以放松某一处为名义，也不过是老子“强名曰道”的意思。如本动腰胯的松沉只是见机发动，显在形体；而看不到的松肩可使心气下降而觉立身的稳健中正。不能含糊，否则腰胯的松沉就毫无意义了。

第四动　左拳上举

姿势动作：重心继续后撤，至左脚尖翘起、左脚跟着地，形成右坐步；同时，左拳自右臂弯内穿出向右脚正线前（西）伸展，拳心向右；右拳收回置左肘下，拳心向左；目视前方平远处（图 8–172）。

图 8–171

图 8–172

神意运使：脚下意参考前面同式动作依法行功。

行功释义：（又一法，两拳拳心均向内）重心后移是行动目的的要求。思想上不可以想我要后移，只是通过意领身行的脚下的变转，自然可以得到结果。这也是被动行功的自然法则。旧法也有左手是掌型的，则名为“叶底藏花”。

每逢向前上步或后撤使前脚成虚时，都要求脚跟着地，脚尖极力上翘。因为这样可使同侧腹股沟更加松净空灵，同时又拉伸了腿部筋肌，是中国功夫能伸筋拔骨的共法。虽有用力之嫌，但这是学练功夫，须有力时即须用力，如同无为来自有为一样，不用力则来自用力，但必须是达到无为不用力目的的暂时用力，才可行，才是正法。若是为逞刚使强，用力使气，则与太极拳道相悖矣！

注：右拳松落左肘下，不必一定挨着。左拳左肘、右拳与右脚右膝应在同一线上，即右脚前正线。

练功要言：再谈立身中正

练习太极拳，首先别忘了自己是来享受的，享受合理的运动带给身心的舒适。如果在练的过程中得不到享受的美感，必然是错的。

错误会有很多，最大的莫过于立身之不能中正。

因此可以说，练习太极拳就是要获得立身的中正。不偏不倚，不偏向任何一方，不倚靠任何一处。能够立身中正是不偏不倚思想的体现，做到了不偏不倚，自然就是立身中正！思想上说，立身中正是纲领，是因；有了立身中正的思想要求，才会有不偏不倚的功法指南，此为果。从行功法理上说，不偏不倚是行功方法，为因；做到了不偏不倚，结果显现为立身中正。两者互为因果，因思而异。

立身中正了，气血自然贯通上下。此理可比诵经的人，虽然终日偃坐，却也可得身心舒畅之功。这是因为，凡经中文字，但能发音正确，皆会产生不同波动，从而产生疏通气血的功效。

关于如何做到立身中正，拳经有极为明确的指示：“精神能提得起，则无迟重之虞，所谓顶头悬也。”迟重当作坚涩讲，即不轻便不灵活。精神领起就是顶头悬了，也可以理解为，精神领起的做法导致了顶头悬的功用。歌诀说明“立身中正神贯顶，满身轻利顶头悬”！立身中正是因为神贯于顶，满身轻利是因为顶头悬。由此可知，立身中正的关键在于领起精神。

神贯顶者，精神留意于头顶之上。顶头悬者，神意虚悬于空。

上边领得起，下边自然随；上边摆得正，下边即竖得直。这是理论上的明了。行为上的理解也是靠思维：求得身体三线的存在及处于一个立面上的垂直，即可达到上身中正（身体三线参考《人身三线说》）。

施为时以感觉完成：想象自己是这三条线，分虚实时呈一条线。也就是说，自身只是这线，再无他物！思想上把这线放置正直，定势时如此，运动状态中仍然如此；在行功中要求的顶劲永远不失，其实就是要练习者永远保持这个体线的垂直，等于是保持立身中正。因为精神领起来了，上下才是一个整体，才能做到上动下自随——切要注意是自随！下边自己随之，不须人为地主动相从！自随者，毫无意识；主动者，有意随从。头部为纲，身肢是目，纲举则目张，即此意也。

身体如线，是收敛，容易致柔！初学者求如线，或粗或细，是实有；继而炼之成虚，终而若有若无，需时自在，不需时顿空，所谓忽隐忽现，运用在一心，而示人以无知无为，故能使“人不知我”而“我独知人”。力的产生是被动的，所以事实上虽有力存在，却不能想它，尤其是想它如何产生！随它自在因缘而生就对，想它因心而存即错！

第十五节　倒撵猴行功法

倒撵猴的姿态是步向后撤，掌向前按。拳经有“按在腰攻”的要求。左手展按，虚具其形，所以要轻，而用意要透重障，所以要远；神意远瞻，要真！心念纯一，故真；形体随意，必柔。意远、心真、形柔！倒撵猴与搂膝拗步，一进一退，或左或右，方向虽异，但姿势相同。本式是拳路中唯一退步时向前攻击的形体动作，源自陈式太极拳之倒卷红。吴式沿袭杨式名此式为倒撵猴，取“猴遇人前扑，先以手引之，退而击之”意。陈鑫说“足退行，手从上往下倒转，往后倒而卷之。红者不留情面，尽力击之，故名倒卷红”。其述拳意，“正气（要）贯注中间”而能使“阴阳来回更换”；能做到“随机左顾右盼”，自然“退行有正无偏”；神意要“一气相贯”，形体神意才能“似两个车轮旋转……”吴式练法先退步，待气定神闲后，一手缓缓舒伸以表达舒展神意；一手自然回，以示内外相合，阴阳互济。

第一式　左掌前按

第一动　双手变掌

姿势动作：左拳变掌，以中指引领转向右前方（西北）；右拳向下、向右变掌向下捋按至右膝外侧；目视身前右隅位（西北）平远处（图 8–173）。

神意运使：神意上领，如于天边目睹太阳初升而随之向上，意在竖直身线，视线右移，可使左脚轻松后撤。

行功释义：左拳变掌依神意上领，同步完成，右掌上按，则靠松肩垂肘。计数自 1 至 10 逐一完成。

第二动　左掌前按

姿势动作：松腰沉胯使形体重心保持正常，随即提起左脚后撤，平松落地；同时左手掌心转向身前展按；右掌随之展开至右胯外侧；视线渐转身前正线平远处（图 8–174）。

图 8–173

图 8–174

神意运使：左肩意松下，肘垂微提，左掌心自然转向身体正前方。

行功释义：收胯敛臀会使左脚收上。视线远引则会使左腿自然向后舒伸，左手意远，右手意深，自会形成一个强大的无形支架，稳固身心，左掌的展按才能把握既轻又远又透。因为拳经“按在腰攻”的要求，左手展按，虚具其形，所以要轻，又因是意透重障，所以要远要真（意远、心真、形柔）。本动是倒撵猴左式定势动作。肢体运动幅度虽小，但调整身心用意都是要缓缓行功。渐渐体会精神领起后，周身内外一致的自然变化。计数自1至10完成。

第二式　连环撤步

第一动　重心后移

姿势动作：左掌直臂下落至右膝前，右手先垂至身体右侧，再向身前直臂提起至与肩同高时，身体重心渐次依法后移于左腿，右脚跟着地，脚尖上扬形成左坐步；同时右肘弯曲，使右手渐变为勾手提至右身侧外；目视前方平远处（图8–175—图8–177）。

图8–175

图8–176

图8–177

神意运使：右手的意思在极深而向极远处，表现的则是视线更远更高。

行功释义：右手提起，类同起势第二动。

第二动　右脚后撤

姿势动作：视线渐向左前方转移，身体随之左转，重心不变，同时右勾手舒展成掌，指尖对正面朝方向（西南）；右腿提起向右后撤步，成左弓步；目视右手指前平远处（图 8–178、图 8–179）。

神意运使：神意上领，松落腰胯，意渐向左。

行功释义：坐步变弓步，其间并无重心转换。虽有进步或退步，但不涉及重心稳定。所以当提腿时，切要留意把握身体在中正下的平衡与稳定。

第三动　右掌前按

姿势动作：同第二动，腰胯松落使右腿自然展直，右脚踏实放下；右手翻转使掌心向正前方舒展按出；左手自然松垂于左胯侧外，指尖向下；目视右手前平远处（图 8–180）。

图 8–178

图 8–179

图 8–180

神意运使：手意向下，肩肘意向下。

行功释义：右手拇指、食指二指向上引领，如随日升，心识返觉自身松肩垂肘使掌心渐变向前。这是倒撵猴右式的定势动作。

第四动　重心后移

姿势动作：右掌直臂下落至左膝前，左手先垂至身体左侧，再向身前直臂提起至与肩同高时，身体重心渐次依法后移于右腿，左脚跟着地，脚尖上扬形成右坐步；同时左肘弯曲，使左手渐变为勾手提至左身侧外；目视身前平远处（图 8–181—图 8–183）。

图 8–181

图 8–182

图 8–183

神意运使：左手的意思由极深而向极远处，表现的则是视线更远更高。

第五动　左腿后撤

姿势动作：视线渐向右前方转移，身体随之右移，重心不变；同时左勾手舒展成掌，指尖对正面朝方向（西北），左腿提起向左方后撤步平落成右弓步；目视左手指前平远处（图 8–184、图 8–185）。

图 8–184

图 8–185

神意运使：神意上领，松落腰胯，意渐向左。

行功释义：坐步变弓步，其间并无重心转换。虽有进步或退步，但不涉及重心稳定。所以当提腿时，切要留意把握身体在中正下的平衡与稳定。

第六动　左掌前按

姿势动作：腰胯松落使左腿自然展直，左脚踏实放下；左手翻转使掌心向正前方舒展按出；右手自然松垂于右胯侧外，指尖向下；目视左手前平远处（图 8–186）。

图 8–186

神意运使：手意向下，肩肘意向下。

行功释义：右手拇指、食指二指向上引领，如随日升，心识返觉自身松肩垂肘使掌心渐变向前。这是倒撵猴左式的定势动作。

练功要言：论推手

推手为太极拳中之一练功法，以不动心、不求功利、无胜负意为善！能有如此心境，自然手上无主动、妄动、乱动之弊病。先贤言推手最忌者即"推"手，互相以力推对方之手，如此则三病皆犯。故知推手之难在于能不动手（即手不动），然不动手之难又在于能随曲就伸，随曲就伸之难在于要有舍己从人的思想，而舍己从人之难在于破除人、我二执，达一平常心境！

以四正手为例。搭手当以腕背应人，掌心不可外翻。外翻不唯意形于手，兼生欲擒抓人之心，即至迹象显露，正是授人以柄，究其理则生主动、妄动、乱动之病。翻手有拿人之意则为主动，不得机势而动则为妄动，不合法度是为乱动。有此三病仍能拿人者，未之有也。但手心不能永远向内，人进掤而我退捋后，人平挤而我下按，当使意在人先，手掌因肩松肘垂而自然转动至掌心向下。切记手不动之纲要。手不动则双手不会捋实，亦不会按实。捋按若实，则力量反弹会作用于己身；若捋按意虚，则对方必难立足稳固。故言打虚不打实。掤、挤也不能实。所谓手到身要拥，手指轻扶人身后即不可再动，要通过自己身体重心的改变而使掤、挤之劲意施于人身。手扶人身也是先有意将人罩定，手才随意轻轻触及，切要牢记先贤“彼不动我不动我意在先，彼欲动我先动我意仍在先”之教！

搭手之前意已在先，则搭手后对方即会随动而失衡。

第十六节　斜飞式行功法

斜飞式的形势取大鹏展翅而神意翱翔斜入云端，形神兼备即用功之要也。

第一动　双手直摆

姿势动作：左手以中指引导逐渐向左上方伸展，与右臂成一字势，左下右上平置身体两侧，两掌心均向下，身体重心不变；目视左手前方平远处（南）（图 8–187、图 8–188）。双手臂继续摆动，左手臂向下至左大腿前，掌指向下，掌心向右；右手臂向上至头顶上方，掌指向上，掌心向左；目视身前平远处（图 8–189）。

图 8–187

图 8–188

图 8–189

神意运使：左手意向上转左，下行至地平线上；右手意先向下沉，再上升至地平线上。

行功释义：两手先行成一直线，尔后一同摆动，上下转运。计数自 1 至 20 完成。

第二动 双手虚合

姿势动作：左掌继续直臂下落自然圆转至右膝前，掌心向右，指尖向下松垂；右手继续上升至右上隅位时（西北），屈肘松落至左耳外侧，掌指向上，掌心向左；目视身前平远处（图 8–190）。

神意运使：左手意在小指引领自远处松落，右手意在食指带动也自远处升举。

行功释义：此动神意自内在把握而不引领动作，所以视线从一开始即转至身体正前方（西），不事他顾。计数自 1 至 10 完成。

姿势动作：接上动，左脚向左侧身前隅位舒伸，以脚跟着地，脚尖上翘，成右坐步（隅步）；同时左手上提，右手松落，两手掌心虚合于腹前；目视身前平远处（图 8–191）。

图 8–190

图 8–191

神意运使：加意竖正身形，引领顶劲，左脚自然舒伸向前，左手意在无名指引领向上，右手意在小指垂落。

行功释义：双手掌心相对而不接触，谓之虚合，掌心有相互交融意。计数自 1 至 5 完成。

第三动 落脚进身

姿势动作：放松腰胯，使左脚平松落地（图 8–192）。身体重心渐向左移，左腿相应屈膝；左手带内旋之势向前（西）舒伸；右手有回意而无形(图 8-193)。

图 8-192

图 8-193

神意运使：两手意如持一巨水龙，自极远处向更高处连绵不断地喷射，喷射远了后即到极远处，自然散合成雾。

行功释义：两手虚合不过是心意造成的物理现象，所以运行时要轻柔和缓，要随机运转，不要主动翻转。左去右回不是撕扯，而是一同先向前后，再各行其道，非一向前一往后！即便是右手，虽向下收回，犹要用意向前圆转成势！计数自 1 至 10 完成。

第四动　左臂左靠

姿势动作：重心继续左移，右腿逐渐展直，重心完全移于左腿，成左弓步；同时，左手掌心向上行经左膝上方、舒展至腕与肩平，掌心向右侧上方（西北），右手附于右大腿外侧，掌心与右外踝遥相对应；目视左手前方(西南）(图 8-194)。

图 8-194

神意运使：本动意在左肩，所以名靠，只是意而已，形体上左肩不可以突出。左肩犹沉形成左臂的开展，左手意在中指。右手掌心相合右踝，如大树深根，更添稳固。

行功释义：这是斜飞式的结束。斜指的是面向隅位，即斜的方向，并不是身体要倾斜。但左膝要对正正向（正西），不能向面向的隅位（西南）偏斜。右掌心除与右踝有相合的意思外，还不能失去与左掌心的联系。此动势为双分，意却是身体的整合，所以老谱名为左肩左靠。左肩指的是形，左靠指的是势。即是说形势上是以左肩向左靠，实则神意先要领起，而使全身整体左向转移，符合拳经“一动无有不动”的明训。计数自 1 至 10 渐次完成。

练功要言：

太极拳老套路不要左右练。在正常练习之外，再加几种练法：一，只做左手的动作，把右手垂着或放口袋里，身体其他地方正常运动。二，只做右手的动作，把左手垂着或放口袋里，身体其他地方正常运动。三，只做脚下的动作，把双手垂着或放口袋里，身体其他地方正常运动。三种方法都是让你知道自己的手脚在每一动时各自都在干什么，这是真正的知己之法。

第十七节　提手行功法

提手者，以虚领无限向上精神之意，而虚形以实手也。

第一动　右抱七星

姿势动作：左手直臂向上举至头顶；脚尖内扣 90°，身体随之右转至面向正北；视线转向身前（图 8–195）。

神意运使：神意向上领起，自后向上复落于身前远处。

行功释义：计数自 1 至 5 完成。

姿势动作：左手放松下落，右手提起，两手于胸前合抱成右抱七星式（可参考揽雀尾之同式）；同时右脚提起以脚跟着地，脚尖上翘，成左坐步姿势；目视右手前方（图 8–196）。

神意运使：神意上领，松沉左肩，可使左手自然垂下，意在无名指，右手向前追逐视线，自然升起。气降意领，神随，形动。

行功释义：这是斜飞式过渡至提手的做法，和前面“揽雀尾”同式动作是一样的。计数自 1 至 10 完成。

图 8-195

图 8-196

第二动　左打挤式

姿势动作：周身其他处不动，只右脚脚掌平落，视线不变（图 8-197）。随即两膝微屈，体重前移至两腿中间；同时右手变横向（即手指指向身体左侧），掌心向内，左手掌指向上，掌心向前置于右腕横纹线内，向身前成推挤势；目视双手前平远处（图 8-198、图 8-198 附图）。

图 8-197

图 8-198

图 8-198 附图

体重完全右移成右弓步，左右手如前横置于面前 6~8 寸处；目视身前平远处（图 8–199、图 8–199 附图）。

图 8–199

图 8–199 附图

注：此动与第二节“揽雀尾”之“左打挤式”相同。

第三动　右转上步

姿势动作：（接上动）身体整体姿态不变微向右转，左脚收上与右脚同在一条平线对齐，与肩同宽如同起势，脚掌虚置地面；目视面前平远处（图 8–200）。

图 8–200

第四动　上提手式

姿势动作：右手成虚勾状向空中提起，举至右臂直上，身体亦直起；左掌心向下随按于腹前；目向上望（图 8–201、图 8–202）。

练功要言：

太极拳者，不过教人量力而行，善尽人力物力而已！

图 8-201

图 8-202

学拳者多无自知之明，至不自量力，岂是真知太极者乎？故学太极拳，即是学会知己！所谓知己，就是知道自己能吃几碗饭、干多少活，则不妄言大、不枉做工——不说自己做不到的，不做自己无法做到的，只做自己力所能及的。知彼，了知物理、物性，随顺万物，自然尽其用。

第十八节　白鹤亮翅行功法

第一式　上体俯转

第一动　展指转正

姿势动作：自拇指起向上依次伸展右手五指；重心在右腿不变；目视头顶上方（图 8-203）。

保持上动姿态不变，身体整体左转，使身体对正前方（正北）；视线也逐渐转至头顶正上方；左脚虚置地面，重心在右腿不变（图 8-204）。

图 8-203

图 8-204

第二动　上体前俯

姿势动作：保持上动态势，只向前俯身至右手指向身前约 2 米外地面；视线深入手指前方地下（图 8-205）。

第三动　左手前展

姿势动作：右臂屈肘使右掌回收于前额上（虎口处平贴额头）；同时左掌前伸并指向右手折回处；目视左手前地下深处（图 8-206）。

图 8-205

图 8-206

第四动　左手松落

姿势动作：左手垂落至右脚拇趾上；目视地下（图 8–207）。

第五动　重心左移

姿势动作：保持上动态势，身体重心向左横向移动至两腿中间；左手随行至两脚中间，手心向右（图 8–208）。

第六动　重心移左

姿势动作：身体重心继续左移至完全由左腿负担体重；左手指随身运行至左脚大趾上方；视线至左脚尖前地下深处（图 8–209）。

图 8–207

图 8–208

图 8–209

第二式　垂肘亮掌

第一动　身体左转

姿势动作：保持上动态势不变，身体左转 45°至隅位（西北）；左手随转至左脚外侧中心点位置处，掌心向外；目视左手食指前下方（图 8–210）。

图 8–210

第二动　左臂升平

姿势动作：随上动左臂松落后的惯性，

左臂仍沿隅位方向离开身体约一尺左右后，面朝左手（隅位）方向身体直起，手臂恰与肩平；身体重心在左腿不变；目视左手前平远方（图 8–211）。

第三动　双手上举

姿势动作：左手向上举至隅位（西北）上方，拇指向上，掌心渐变至向身体正前方；左腿负担身体重量；目视左手上方高远处（图 8–212）。接上动，右手自额头处经左侧隅位向身体上方举起，至右肩上方高处；左手亦随之上举于左肩上方高处；身体重心在左腿不变；目视头顶上方（图 8–213）。

第四动　双肘下垂

姿势动作：双臂屈肘下落，至上臂成水平或略低时双掌翻转，使掌心正对己身正面；腰胯微沉降，右脚虚置于地面，重心仍在左腿；目视身前平远处（图 8–214）。

图 8–211

图 8–212

图 8–213

图 8–214

练功要言：

其人也虚，其心也真，其意也诚，其语也实，其言也哲。当我们在求知的过程中，或处在十字路口不知继行何处，或已自认深入厅堂而未见内室之宝明，或已攀壁登岩而不识松柏之所在，或已跨峰骑岭而难测云霞之出没，如此种种，为什么不听听另外一个声音呢？乃至依其思路思考一下呢？

懦夫一词难听，是唯心所现！所以人不愿承认，甚而不愿（其实是不敢）承认是懦夫。其实是不敢正视自己在太极拳理论和实践上的程度！如来妙音，称众生皆是佛，敢承担吗？

第十九节　搂膝拗步行功法

第一动　左手垂落

姿势动作：身体左转 45°，左手自然松落至左大腿上方，掌心向上；右手渐变虚勾置于右耳侧外；同时体重移于右腿，左脚虚置于地面，成左虚步；目视左手前上方平远处（西北）（图 8–215）。

第二动　左脚左开

姿势动作：左手翻转至掌心向下，随同左脚一起向左侧外开半尺许，目视左脚尖前上方（正西），左脚尖对左侧身前（原身体左侧正线），两脚成直角，脚跟内侧间距为 5 寸左右，右手逐渐变掌向胸前松落，身体重心仍在右腿（图 8–216）。

视线向左侧身前远去，上身直起，身体微有下沉；右虚勾逐渐变掌下落于胸前，右腕与胸间距为 20 厘米左右（图 8–217）。

图 8–215

图 8–216

图 8–217

第三动　重心前移

姿势动作：身体重心继续向左移动，右腿蹬直，使身体重量完全负于左腿，成左弓步；右脚跟外旋，使脚尖朝前；手势不变；目视身前平远处（图8-218）。

第四动　右掌展按

姿势动作：右掌掌指由指向身前渐转向右，使掌心突出向前展按；左掌下按于左胯外侧；目视右手前平远处（图8-219、图8-220）。

图8-218

图8-219

图8-220

练功要言：

立身中正、支撑八面是太极拳学对身体要求的标准，含要求和功法双重含义。立身中正因是入手练习方法容易做到，而支撑八面是功夫境地不易成就。就立身中正来说，立身能够不偏不倚，自然中正。立身中正有益于放松，所以求的是身体垂直一线。不论是外力抑或己身原有的力，都易于做到丝毫不挂。能够一丝不挂，定已在其中，因知松到虚无处，就是定力，才能有支撑八面之效。可知支撑八面不是用力或是用意，实在是真松后的表现，是自然得到的感觉。中正的关键在于神意在头顶上虚虚领起，使脚下虚触地面，身肢自然垂直，能圆转无碍、随人进退而进退。立身中正是支撑八面的根本，支撑八面是立身中正的显现，即为中正！所以只须在立身中正上下手，正确行功日久，即可获中定之功！

第二十节　海底针行功法

海底者，深也；针者，直也。高高山上立，喻精神之张扬；深深海底行，指性命所归一处。

第一动　右手前引

姿势动作：松腰沉胯，使身体重心微向下降落后，渐次后移；同时右手前臂微内旋使拇指尖向上，其余四指正对身前（正西）；左手不变；目视拇指尖上方平远处（图 8–221）。

神意运使：右手无名指引领神意远去，右臂自然相应向前（西）舒展。

行功释义：本着“欲左先右，欲前先后”的太极阴阳变转规律，本动先以神意引手向前，同时身体重心下降，为下动重心转换打好基础。

第二动　重心移右

姿势动作：身体重心继续后移至右腿；右手松落至右胸前；目视身前平远处（图 8–222）。

图 8–221

图 8–222

第三动 右掌下指

姿势动作：左脚收回至右脚内侧，以脚尖虚点地面，形成左虚丁步；同时左手上提至右耳外侧，指尖向上，掌心向右；右手松落至膝前；目平视前方（图 8–223）。

神意运使：顶劲上领，收上左脚。神意远瞻引动左手上行后屈肘合于右侧。右手意在远处下沉，本体自会松落下降。

行功释义：本动是“海底针”成型的前奏，要体现出“高高山上立”的神意气势。

第四动 右掌下指

姿势动作：上体不动，双膝弯曲使身体重心下降；右手向下指，指尖低于膝；左手在右耳侧不变；目视前方平远处（图 8–224）。

图 8–223

图 8–224

神意运使：右手意沉于极深处，左手指意上升于极高处。神意平远。

行功释义：这是海底针式的结束。其意深沉，所谓“深深海底行”。切记深的是意，不必强压重心向下蹲。

练功要言：虚领顶劲与气沉丹田

虚领顶劲是因，需要注意行功；气沉丹田是果，静心感受即可。世人大多行为此法，先“虚领顶劲”——其实都是有意或用力使头部上顶、提、拔等，再吸口浊气，着意或用力下压，以为“气沉丹田”，大谬！此一误于不明因果，二误于虚领之法。杨澄甫先师于20世纪30年代即为此遍告学人：“顶劲非用力上顶！要空虚！要头容正直！”顶指头部上方，劲是劲意，即行于头顶之意。虚领是以意浅尝带引，意具即可，不得强行！强行则意大生过，丹经释此“行其庭不见其人，虚也”；庭指天庭，即人额头上部，上面一马平川，自无杂物，故不见人（或物或神），神自游于天地之间去矣，室在中空，自为虚尔！反思而言之，可以意虚领者当为意思而已！否则实有其物（劲或力），如何虚领得起？直须实带矣！故劲为劲意则明矣，虚领顶劲，即虚领头顶的意思。不动则为顶（动则为行矣），劲则有意而无形，虚者无为，有意领之！能领起“顶劲”者，自能感知体识“气沉丹田”！

第二十一节　扇通背行功法

本式旧有三名：闪通背，扇通背，三通背。闪通背取其速义。三通背取内意流通在这一式中三次通过脊背，其实是贯通任督前后来回三通。陈鑫曾详述：“以中气由心下降过脐到丹田，复由丹田通任脉逆行而上至承浆，督脉接住……至会阴极矣！中气由百会下通于长强、会阴，是谓通背。闪者，如人搂住后腰向前猛一弯，头肩往下一下，后面长强与环跳往上用力挑其小肚往上一翻……”扇通背者，取其形如开扇，其势欲漫天义。

第一动　双手虚合

姿势动作：右手向上提起，左手松落至右胸前，两手心遥遥相合；视线不变（图8-225）。

神意运使：两手虽合于身前，其意却要在前方极远处。

行功释义：左手松落时，视线即由前方（西）转至右侧（北），当双手在左前右松相合的过程中，视线渐向右侧

图8-225

隅位移动，上身虽有动转，脚及下肢重心不变。

第二动　双手前展

姿势动作：双手向身前隅位舒伸，右掌心向下，左掌心向上，虚合不相触及；同时左脚提起向双手下上步，以脚跟先着地，随即放下脚掌，脚尖向身体面对方向（西北），左脚跟与右脚踝同处东西水平线上；目视隅位远方，重心在右不变（图 8-226、图 8-227）。

神意运使：两手意如持一射灯，光聚一束，远照万里。松腰沉胯使左脚掌放下，精神上领使肩背依次放松，意在树正身体一线。

行功释义：左脚上步必须依法不偏，否则下动身行即无法持平。落脚动作虽微，关系极大！若是不在意而夹带体重，则中正顿失而前功尽弃！

第三动　重心前移

姿势动作：左膝微屈，身体重心渐向左移。双手承受进身而向前伸展，左右手拇指、食指相对外转，使两掌左下右上掌心向前（西北）打开，左腕略高于肩；右脚尖外摆至右侧隅位（东北），身手同时右转至成马步正身止；目视身前平远处（图 8-228）。

图 8-226

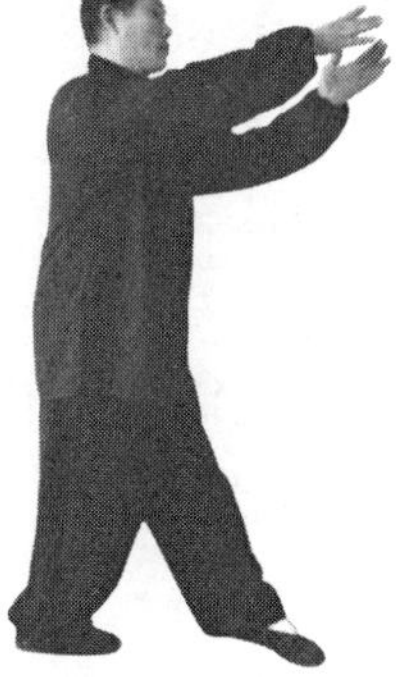

图 8-227

图 8-228

神意运使：意在两掌心，如含苞花蕾，向外展放。

行功释义：此动不须左腿完全负重，所以重心左移至左六右四或左七右三时即可止住。右手开展完全依止于右脚的外摆，所以不能有右手向上、向右自主伸展打开之意。

第四动　左掌展按

姿势动作：上体重心随腰胯放松下降；左掌心向外（西北）作意展按；同时右肩右肘微降，使右手略向下沉，掌心向上置于头顶右侧；目视左手上前方（图 8–229）。

神意运使：神意向远处舒展，则左掌自然会生起相随意，此时放松两肩，可体会撑按之感。

行功释义：扇通背的意思，形动上两手如打开一把折扇；而功法上则求舒通肩背气脉，以合先贤法理，即所谓力从心借，气从脊发。如何能气由脊发，气向下沉？由两肩收入于脊骨，注于腰间，此气之由上而下也，谓之合！（见李亦畬《五字诀》）

图 8–229

练功要言：桩功赘语

桩法之为功，在于深根挺拔。深根者，心气平和而自然下降也；挺拔者，神意舒展而轻灵也。一般运动手足肢体者，不求技击之用，只欲养生之效，则不必于桩法上多下功夫！盖因桩法玄机在于静，静中神意发动，稍有不得法，则阻隔气血原路而不自知。多有站桩后而心跳过速者，虽气闷异常，犹苦站不辍；亦有昏沉中欲倒、忽一闪而醒，不知身处何乡、做何营生；至于颈项僵硬、头晕身乏、精力不继者比比皆是。祖师“差之毫厘，谬以千里”之词，决非夸大虚言，切须慎之！

凡人做功，一则以静，一则以动。静即桩，动即拳，不必专以桩为桩、以拳为拳！然动静不得其法，非但无功，抑且有害身心！故于初时必求明师指引正理正法而行，所谓“入门引路须口授”是也。

无极是无物的静态，没有两极分化，动即为散状。人于此处触之自然应手而去。若是不去，必是有力。太极是萌意的动态，处处已具阴阳，人触之自当转化，故不当被推动，若被推动，必是自己未动（未动者未在行功状态中）！

第二十二节　翻身撇身捶行功法

“撇身捶”之“撇”有丢开、掷物等多义，河南土语中“撇”有不正义，撇身即扭身未正。本势撇身是因为平掷器物的含义，所以行功要点在身转动时，气沉下去。虽名为捶，不过是言其形势尔。

第一动　左脚右转

姿势动作：左脚右转至脚尖向右（东），身体也随之右转至隅位（东北）；两手松落，右拳渐握成拳，与左掌合抱于胸前；目视隅位前方（东北）（图 8–230、图 8–231）。

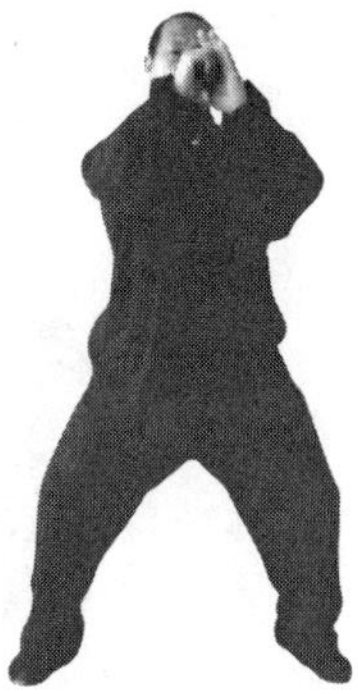

图 8–230

图 8–231

神意运使：神意竖正，则重心移于左腿，放松腹股沟，而左脚右转，手随身转，意在远处。

行功释义：撇有丢开、平掷器物等多义，河南土语中撇有不正义，撇身即扭身未正。形象上本势的做法即是撇身，又因为平掷的含义，所以当身转动时，切要气沉下去，以便得机得势。计数自 1 至 10 渐次完成。

第二动　右腿横开

姿势动作：身体继续右转至面对右侧（正东），同时右脚提起向外开步（东南），以脚跟着地，脚尖上翘，成左坐步；双手随身转正，略向上升；视线也转向身体正前方（正东）平远处（图 8–232）。

神意运使：意在顶上，提领全身，自由动转。

行功释义：本动耗时较短，可不必计数行功。但依渐变原则，随机运行就可以。

第三动　落脚进身

姿势动作：视线远引，形成身正气沉，全身放松，使重心微微下沉，右脚自然平松落地；双手在右膝正线上不变（图 8–233）。

神意运使：虚灵顶上意，自然身中舒，神升气则降，脚下自分明。

姿势动作：身体重心渐向前移，右膝相应弯曲；同时双手（左掌心扶右拳上）缓缓下落至胸前；视线不变（图 8–234）。

图 8–232

图 8–233

图 8–234

神意运使：脚下中心点渐次前移至涌泉穴。

行功释义：重心前移为主，要着意施为；双手下落是从，只要放松身心，自然会沉下。所以不可刻意在垂落双手上下功夫，以免“枉费工夫贻叹息”。

第四动　右肘沉採

图 8-235

姿势动作：接上动，身体重心继续前移，渐至左腿展直，身体重量完全由右腿负担，形成右弓步，上体竖正；双手松落至右膝上方，左掌向前与右膝上下对齐为止；目视身前（东）平远处（图 8-235）。

神意运使：意自左脚小趾渐移至大趾。肘意直沉入无限深处，神意上升至无限高处。

行功释义：此动神意向下植根，务必把握立身中正，以保障气机畅通，身自稳健。这是“撇身捶”中“捶”的行功部分。虽名为“捶”，不过是言其形势，而叫“沉採”的意思，则是肘意向下有弥漫压迫之意。左掌虽抱合右拳，但只是轻触，不是真把掌心按在右拳眼上。

练功要言：

武禹襄先师《太极拳论》开篇指出“一举动周身俱要轻灵”。怎样去做到呢？学者大多以《十三势行功心解》中的一句话“迈步如猫行”来指导自身的运动，以求达到轻灵的要求，所以多在外型上表现出小心翼翼，造成一举一动都是缩手缩脚，其实先贤本意绝非如此。察猫行轻灵敏捷而且沉稳壮健，所谓“如猫”者，当为如其轻灵稳健，即求其神意，并非是类其行。今人多蹑手蹑脚迹同盗贼，以此去体现轻灵，则猫的悠闲自在、从容不迫之大家风度荡然无存矣！

第二十三节　卸步搬拦捶行功法

卸，有交付、推弃二义。依此义，卸步即是改变原有态势。

第一动　双手上引

姿势动作：视线向右，身体随转向右侧前（东南），双手手型不变向上举至与肩同高处；目视双手前平远处（图 8-236）。

神意运使：意在手前，先远去，再高瞻。

行功释义：这是个掤的功法，按八卦应符，谓之“掤与坎应”；拳诀说：“掤填坎中满”，坎的符形是意，谓中盘当充实，所以行功中以空胸实腹为主。计数自 1 至 10 渐次完成。

第二动　上体左移

姿势动作：右膝伸直，使身体重心逐渐向后（左）移动至仅剩右脚跟着地，脚尖上翘，形成左坐步。然后再渐转向左侧隅位（东北），手势与身体关系不变；目视身前平远处（图 8-237、图 8-238）。

图 8-236

图 8-237

图 8-238

行功释义：这是“搬拦捶式”中“搬”的前半部分。以身体与手同步的左向动转完成，计数自 1 至 10。

第三动　重心后移

姿势动作：右脚提起向身后撤步展直，成左弓步；身手不变同前（图 8-239）。腰胯松落，右膝相应弯曲，身体重心逐渐向后移至右腿，左脚只脚跟着地，脚尖上翘，成右坐步；在重心后撤的过程中，双手一致放松下落至前臂与上腹平行时止；目视身前（东北）平远处（图 8-240）。

神意运使：气息沉下。顶意上领，体意落下，把握体线中正垂直后移。

行功释义：精神上领，可使右腿自然收回后置，随气息的下降而放下脚掌，使之平松落地。这是“搬”式的结束。所谓“顶意上领”是指虚领顶劲，体意落下，则是气息下沉的要求，这是常规的把握保持身体中正的检验行动法，通过上下神意的对拉，而逐渐使身体的实体现空成虚，以得灵动的功效。

第四动　卸步拦手

姿势动作：保持上动手势、重心不变，身体右转至右脚正线（正东）；随身转至右线，左手屈肘使前臂竖起成上拦势；同时右拳微向右胯前回收，目视身前平远处（图 8-241）。

图 8-239

图 8-240

图 8-241

神意运使：神意于右正线前方向上领起，左肘意向下沉。

行功释义：卸，有交付、推弃二义。依此义，卸步即是指改变原有态势。但太极拳每一动都是在改变态势！此处不同的是，形势的改变虽然也是渐变转化，而神意的运动则是此起彼伏。即意在转体前，本在隅处(东北)，转体时即从正线前出现，并不从隅位过来，这也是拳经所要求的“忽隐忽现”之法。这是“搬拦捶”式中“拦”的行功法。拦虽有手拦之形，而作意必要在身前极远处（凭想象即可得）向上，所以“拦”的名义，不过是从拳术应用形势上而定的。不能执于手法，需以神意的开展为要务，才能在久练后得无为之功效。

第五动　落脚进身

姿势动作：放松腰胯，向下微降重心，左脚平松落地。左掌向下，掌心与右拳眼相合于胸腹前；目视身前（东）平远处（图 8-242）。

左膝相应弯曲，重心渐向前移至两腿中间；左掌右拳本身不动，随身进运行；目视前方平远处（图 8-243）。

神意运使：身体重心的意思，自右脚下中心点处渐次前移，到涌泉穴后，再自小趾依次到右大趾。

行功释义：顶意领起，腰胯自然松沉，是依拳经所说“虚领顶劲，气沉丹田”的意思。每逢重心下降的动作，应节节放松施法。先使肩背松落腰胯上，胯腰再松落脚下，脚则深入地下。形动虽微，用意要真。本动计数自 1 至 5 完成。

第六动　进步冲拳

姿势动作：上动不停，重心继续前移至左腿完全负重，成左弓步；右臂在左脚正线上前展，拳面向前至前臂平胸时止，右肘微弯；左手附于右臂内侧，左手拇指附于右肘弯下；目视前方平远处（图 8-244）。

图 8-242

图 8-243

图 8-244

神意运使：精神上领，意在收吸左侧腹股沟与右膝后收，使右腿逐渐舒直，成左弓步。拳意远引，神意上领，左右肩下沉合住，左右肘内裹沉下。

行功释义：拳经说“变转虚实须留意”，是指当两腿虚实变换交替之时，必须刻刻留意，认真合理如法行功。此动的关键在右膝后收时的既不负先前身体之重，也不能负新生体重之力！收虽有形，要在意隐！即膝盖之间要避开体重，能在后收展腿的过程中，不承受重量，要用收敛入骨的放松法理，使膝盖内隐于无形，使右腿在轻松中卸任。这是“搬拦捶式”中“捶”的行功结束势。基于太极拳在意不在形的原则要求。右拳的进展不可过分伸展手臂，而以意领神随为主。意在极远处运行，神则趋之！定势时右臂虽有冲动势，但幅度不大，因右拳原与身体即有一段距离，如本式第二动、第三动距目的地已近。所以冲出时其实只是左手松落收回造成的视觉效果，好像是右手冲出，实则多是左手收回而显出右臂而已。

练功要言：

按：太极拳劲意，向前、向上之意为掤，此即为掤法。切记用意不用力，是劲的意念而非劲的表现！至手与肩平时，两肘之意仍垂直于地下极深处。双手意向身前极远处舒展，手臂不能向前有丝毫的伸展，这在劲意为挤——平直向前者为挤。十指意思向前舒展不停，通过松肩退力而导致手臂松落至腋下夹角约为45°时，双手十指形状亦随指意的舒展而恢复掌形。双臂松落的路线，因为松肩的原因，而自然地有向身体两侧的意思，就形成了劲意中的捋(向体侧无论上下运动的劲意都为捋)。此时视线（神意）远去，顶上虚虚灵灵，周身内外轻爽，忽然生一坠肘意，而十指意思仍然不断向身前放射，松腰胯、收腹、敛臀，使身体松落下坐，则双手自然而然回到体侧胯外，此即为按。

第二十四节　上步揽雀尾行功法

第一式　上步引手

第一动　左转上步

姿势动作：右拳微向左转，拳心渐转向上，左掌掌心渐转向下，食指转扶右腕脉门处，两手高度同上动不变；右脚提起向前（正东）上步，以脚跟着地，成左坐步；目视右拳中指前远方（图 8-245）。

神意运使：右手意在中指向前远引后左转，可带领右脚自然上前。

行功释义：上步而不牵扯身体重心，是保持立身中正的关键。所谓立身中正，并非只是说只有在定势时才中正。立身从字义上即可明白，只要不是躺下，不管是动是定，都是立。拳术修习中尤须要保持运动中的不偏不倚。静定中若有偏倚，无非是行不到位、虚实不够分明、神意未能尽展等诸原因，病较易改；而动中有所偏倚，则是未能了知并把握“在意不在形”，是原则性的错误！

第二动　右脚平落

姿势动作：放松腰胯，使身体重心下沉，右脚平松落地；同时右拳变掌；目视右手食指前远处（图 8-246）。

图 8-245

图 8-246

神意运使：右手意自食指尖逐渐向远方舒展。

行功释义：具体在伸开右食指后，依次舒伸中指、无名指、小指，虎口撑圆，大指展开，双手自然形成立掌。左掌心向右，右掌心向左。计数自 1 至 5 完成。

第三动　重心前移

姿势动作：重心逐步前移，右膝相应弯曲；双手随进身而渐向左翻转至右掌心斜向左侧的下方，左掌心斜向右侧上方；目视身体左脚正线前方（正东）（图 8–247）。

神意运使：意在左脚下中心点，依次前进至涌泉穴位，再自左小趾、二趾、三趾、四趾至左大趾上。

行功释义：计数自 1 至 10 完成。

第四动　进身右掤

姿势动作：接上动不停。左腿自然舒直，使右腿完全承重，成右弓步，同时右掌运行至右脚正线前方（正东），掌心向下；左手托负右腕脉门，掌心渐变向上，同步到达；目视右手前方平远处（图 8–248）。

图 8–247

图 8–248

第二式　进步掤展

第一动　重心后移

姿势动作：重心不变，身体微沉，双手随之逐渐松落，至右侧腹前，随即重心后移，渐至左腿承担全身重量，右脚尖翘起，脚跟着地，成左坐步；右手掌心向下，手指指向右隅（东南）；左手中指托扶右手脉门；视线微转向右前远处（图 8–249、图 8–250）。

神意运使：身体重心的意思，自右脚大趾逐渐后移至小趾，复自涌泉穴收移至脚跟，使身体重量自然移于左腿。

图 8-249

图 8-250

行功释义：本着“一动无有不动”的太极拳运动规律，当重心后移时，左手托负右手，自然随身撤回，形同捋带。因学习日久，重心移动可以一次完成，以使功夫逐渐成片，然名目虽少，用功当不减如前。计数自 1 至 20 完成。

第二动　落脚掤展

姿势动作：上体左转至左脚前正线上（东）；同时双手翻转，左手在上，掌心向下，中指轻扶右腕脉门同前；右手在下，掌心向上。左坐步重心不变，再放松腰胯使右脚掌平松落地；视线由东南远方渐转至正东前平远方(图 8-251)。

身体重心逐渐前移，左腿逐渐伸直，至右脚负重成右弓步；同时双手依前姿势向前上方（东）舒伸；目视右手前高远处（图 8-252)。

图 8-251

图 8-252

神意运使：神意领起后，收吸左侧腹股沟，使身体自然左转，双手翻转以右手为主，依次用意舒展大指、食指、中指、无名指、小指。所谓神在外，始能感知心意在脚下逐一移动重心。

行功释义：无论视线原在何处，都重新向所去方向远瞻，即为加意的虚领顶劲，亦名领起神意、精神。计数自 1 至 20 完成。

第三动　右手上掤

姿势动作：身体继续右转 45°（东南）时松腰，左膝相应弯曲，重心逐渐后移至左腿完全负重，右脚跟着地，脚尖翘起，成左坐步；同时右手随后移之势，追逐视线自前转向侧面（西南）；左手依然扶右腕不变；目视右手上方（图 8–253、8–254）。

图 8–253

图 8–254

神意运使：收吸右侧腹股沟，形成上体右转，领起精神，视线上扬，使腰胯部位瞬间产生空虚感而成下坠形态。

行功释义：计数自 1 至 10 完成。

第四动　右手前按

姿势动作：松肩垂肘，使右手屈肘松落，手指向上竖立于右肩前（东南），左手仍扶右腕；同时身体左转，面向右手；目视右手前平远处（图 8–255）。身体保持上动姿势，右脚尖转至身前右侧隅位（东北），整体向左转动，至身手同在左脚前正线上（正北）；右手小指侧向前，左手扶右腕；

目视右手前方（图 8–256）。

身体整体右转至右侧（东），以小指侧向前（东）轻按，重心渐移至右脚，食指与鼻同高；目视右手外平远处（图 8–257）。

图 8–255

图 8–256

图 8–257

神意运使：三、四动均须收吸左右腹股沟，意敛左膝。

行功释义：这是揽雀尾结束动作定势，第三动时重心全在左，第四动时全在右。左脚可在原地不动，亦可收提至右脚内侧以脚尖点地形成右虚步。

练功要言：几·几微故幽

有无之间叫做几。可以成有，亦可为无，既非有亦非无，此即太极大道所在。堪破有无，即在境中，迷于有无，即去门外！大道之为物，太上言之明矣：见到了却看不见，听到了却无声，抓到了却摸不着，以虚无之性而获有为之功，而不见不闻处，即为希夷之门，为性情所寄宿；把握而不可得，即真意往来，然其动极微。

故学太极拳，当自微末处用功，则不失太上本意！

第二十五节　单鞭行功法

吴式太极拳之单鞭有正有斜，此为正式，因手脚皆在一直线上排列。单鞭一名是以形势如鞭，古人以意称之为丹变！以拳势运动，实由丹田内在变化所致也。

第一动　右手变勾

姿势动作：上体继续右转至身体右侧，右掌随右转之势使掌心向右侧按出（正东），重心在右腿不变，右臂略上举，旋即放松手腕，右手五指自小指开始，依次屈拢无名指、中指、食指、拇指，形成勾手，勾尖下垂，勾背对正线（东）；左手中指自然搭扶于右腕内侧，掌心斜向右侧上方；目视勾顶外远处（图 8–258）。

第二动　左脚后撤

姿势动作：左腿提起向身后（此时面东，身后是西，即左脚正线）撤步，大脚趾点地；重心在右不变；目视左手前上方（图 8–259）。

图 8–258

图 8–259

神意运使：顶意上领，如将上体连带左脚跟提起的意思，内意放松肩背，腰胯沉降。神意向上领起腰胯以上的身体，意如持一物体轻轻放在右侧。神意上领，使左胯减重，轻松舒伸左腿。

行功释义：说是后撤，实为旁开，本动微小无须计数，但依渐变法则运行。神意向上远瞻，领起右手向上，渐次松肩，使右手变掌为勾。腰胯沉降有意而无形，使重心稳固且具轻灵腾挪的意感，此动极熟练时，当右手成勾的同时，左脚会自然相应撤向左侧（正面）。正单鞭与斜单鞭的区别在于，斜单鞭是在隅位起落，定势时两臂与身体夹角是 90°；正单鞭起落都在正线，定势时两臂伸展是 180°。计数自 1 至 5 完成。

第三动　重心左移

姿势动作：左脚五趾依次逐步放松落下至小趾着地，带动上体渐向左侧转动；同时左手臂左转至身前正向（正北）；右勾手留置于身体右侧（正东）；不随身转；目视身前（北）平远方（图 8-260、图 8-261）。

图 8-260

图 8-261

神意运使：神意在外自身体右侧极远处渐渐转至正前方，意在松沉腰胯。

行功释义：精神领起，把握左脚五趾逐一下落，虽然这个下落是因身体松沉而着地，但不能带动重心左移。

第四动　双臂开展

姿势动作：接上动，左脚跟向内收下落，带动身体左转，左脚尖对正左侧前（西北），同时左臂随至侧前方，重心再微左移，使两腿平分体重成马裆步，同时左手继续向左至左侧正线止，掌心向外（正西），两臂成一字势；目视左手前方平远处（图 8-262）。

图 8-262

神意运使：两手意可展至天地相接处，加意先松肩背后降腰胯。

行功释义：此动与上动紧接，承上势的腰胯向下松沉，使左脚掌放下后，收吸左侧腹股沟，即可使身体重量少部分移至左腿。名为两手开展，实际指的是两手的意思要同时向左右两侧正线无限伸舒，会使脊背渐次松降，也可以在定势后转视身体正前方（正北）。计数自 1 至 10 完成。

练功要言：武话八则

一、古人习拳，以有真实用处为要，所以下的都是朴实切用之功，而无虚假作伪之饰势；今之人则多欲以此而扬虚名、挣微利，尽是峥嵘之头角，所以求人知己也，乃至编造章法、渲染师承，故真意少而妄想繁。

二、有拳之拳术（招式），人工也；无拳之拳术（气势），天成也。天成易得而难为，人工难得而易行，因其俗也。

三、拳术有平铺直叙者，弹腿是也，然其味可深长，大巧若拙也；有质朴而厚重者，形意是也，而其心自悠然，大象无形也；有轻浮而稳健者，八卦是也，其法形乎天地，和合阴阳也。

四、学究法理，用意要精深，行功要平淡，所谓深究其理、淡薄其行，随意而则之。

五、内家功夫当如“羚羊挂角，香象渡河”，有神韵可味，无迹象可寻。

六、拳家各有妙与不及，在乎承传与用工不同。

七、拳需有境，无境则俗。如打拳时莫做打拳想，而当入桃花源观：具意要广，无意则俗。如一拳一掌，可推山可倒海，唯莫做打人念。

八、宗师多出禅门，今则不知何故，遍地皆是；分类为宗，达者为师！今之“宗师”，可自问自己名可符实否。

第二十六节　云手行功法

云手者，言双手如天上的行云舒卷自在，隐显无迹。故当行功之时，双手随心意而远瞩，顾此起而彼意伏，左右交替，变化万端而神自在。云手掌，左手为阳，右手为阴，古贤认为此式为运行人身中之日月，所以象天法地。中原师弟相传，能得此式精华，则太极已在掌握之中。有一首歌诀讲述形体动作："双手领两足，左右东西舞。先由左手领，右手随西去。右足亦收西，两手与肩齐。两手去尺余，内外转徐徐。中气贯脊中，不可歪一处。右足收回时，左手至西住。"云手的云有挥舞意，古谱亦名运手，含运转之意。谓双手运转如日月，恒久无间。虚领顶劲言头部之功用如天，取"日月得天而能久照"之意。

第一式　左云手式

第一动　左手上引

姿势动作：双手手腕放平，随即左手松落至左膝前，然后随重心再向右移动，运行至两腿中间；右手不动；目视身前（正北）平远处（图 8-263、图 8-264）。

神意运使：意在左手无名指向下引领身体运动。

行功释义：手意远去先使左腕放平后下落，重心右移时先松落腰胯。本动计数自 1 至 10 完成。

姿势动作：身体重心逐渐移至右腿，使之完全承重，左脚仅脚尖着地；左手经右膝前向右侧身前隅位（东北）上引，掌心向上，腕略与肩同高；同时右勾手渐舒成掌，松落至右胯外；视线带领上体，同步转向右侧前（东北）；目视左手前上方（图 8-265）。

图 8-263

图 8-264

图 8-265

神意运使：视线到处即是心眼神意所在。此动意在领起神意，自海底深处渐行至高山顶上。

行功释义：右腿完全承重，切要留意立身中正，既不能向右侧偏过，亦不可因左手的上引而前倾。右手松落起意在小指。计数自 1 至 10 完成。

第二动　腰胯松落

姿势动作：放松腰胯，使身体重心有形下降，左脚掌落地，左膝逐渐相应弯曲；右手不变，视线在左手指前平远处（图 8–266）。

体重左移，左手走面前上方循圆弧线随体重左移而向左运动，当左手行至身体正前方（中间）时，成马裆步，掌指向前（北）渐变成立掌，掌心向右；视线在身前平远方（图 8–267）。

第三动　左手平展

姿势动作：重心完全移至左脚，右脚仅脚尖着地；左手随身运动走外平弧线舒伸至左侧前隅位（西北），掌心向下；右手同步自右胯处经身前下方上提至左肘弯处，掌心向上；目视左手前上方（图 8–268）。

图 8–266

图 8–267

图 8–268

神意运使：上三动的意思都是由中指引领，在极远处向左转移，相续不断，形成完整的展按。

行功释义：云手的意思，是指行功时，两手的意思当如天上的行云有舒有卷，有隐有显，此起彼伏，左右交替。上三动是第一个完整的左云手。

第四动　右手上引

图 8–269

姿势动作：左手再向外开至左侧正线垂落；同时右手向左手原位置展臂舒伸，至右腕略与肩平止；顺势收上右脚至左脚内侧，以脚尖着地，成右虚丁步；目视右手上方（图 8–269）。

神意运使：左手意在外向下引带，右手意在无名指，向前、向上引领，虚领顶劲，气沉丹田（腰胯沉降）。

行功释义：本动是结束前势而领起下势，所谓承前启后。计数自 1 至10 完成。

第二式　右云手式

第一动　腰胯松落

姿势动作：放松腰胯，使身体有形下降；右脚掌放松落地，右膝弯曲，仍由左腿负重；手势不变；目视右手指前平远处（图 8–270）。

第二动　右手开展

姿势动作：左右逐渐变换重心，右手自左前方隅位走上弧线向右开展，至体重右移至两腿中间时，右手行至身前（正北），右掌渐变成拇指向上、斜指向身前，掌心向左侧；左手松垂于左胯外；目视右手前方平远处（图 8–271）。

神意运使：意在右手食指上行后下沉。虚领顶劲，使脊骨竖直，中气沉下。

行功释义：因两腿间距很小，左右脚下重心虚实的转变运动幅度不能大。如本动只收吸右侧腹股沟即可将重心轻易转移过来，但易犯的毛病就是本动结束后，体重已完全负于右腿。因手在中间，重心却在一边，中正已失去了。计数自 1 至 10 完成。

图 8-270

图 8-271

第三动　右手平展

姿势动作：身体重心逐渐向右移动，右手渐渐外旋翻转，向前走外平圆弧线向右舒展，至右侧前隅位上方时，掌心向下，掌指向前，腕与肩同高，重心同步完全移至右脚。随即左脚向左平开，以脚尖虚点地面，左手于开脚同时自左胯外行至右大腿前，指尖向下，掌心向右；目视右手前方平远处(图 8-272—图 8-274)。

图 8-272

图 8-273

图 8-274

神意运使：意在右手中指引领向极平远处。

行功释义：云手是太极拳中最重要的运动形式之一。说它重要的原因，是其包含功法全面而有代表规律性，如左、右的开展含有掤、按、捋、按的拳意行功法，左右手互换时又有靠、挒拳意行功法等。

鉴泉师祖曾说：云手之后手不可越过前掌，按出时由肩至臂至指掌须成一半圆圈，则腰脊之劲可达指端。

第四动　左手上引

姿势动作：右手继续向右开展至右侧正线（东）后垂落至右胯外；同时左手经右膝前向右侧身前隅位（东北）上引，展臂舒伸至腕与肩平止，掌心向上，手腕略与肩同高；左手指追逐视线，掌心斜向右侧上方；目视右侧隅位前上方（东北）（图 8–275）。

图 8–275

神意运使：神意向上，中气下降，亦即手向上起胯向下沉，手有对拨意。

行功释义：此动胯向下沉，左脚即能相应平落。计数自 1 至 10 完成。

第三式　左云手式

第一动　腰胯松落

姿势动作：放松腰胯，使身体重心有形下降，左脚掌落地，左膝逐渐相应弯曲；右手不变；视线在左手指前平远处（图 8–276）。

第二动　左手开展

姿势动作：体重左移，左手走面前上方循圆弧线随体重左移而向左运动，当左手行至身体正前方（中间）时，成马裆步，掌指向前（北）渐变成立掌，掌心向右；视线在身前平远方（图 8–277）。

第三动　左手平展

姿势动作：重心完全移至左脚，右脚仅脚尖着地；左手随身运动走外平弧线舒伸至左侧前隅位（西北），掌心向下；右手同步自右胯处经身前下方上提；目视左手前上方（图 8–278）。

图 8–276

图 8–277

图 8–278

第四动　右手上引

姿势动作：左手再向外开至左侧正线垂落，如同起势定势时位置；同时右手向左手原位置展臂舒伸，至右腕略与肩平止；顺势收上右脚至左脚内侧，以脚尖着地，成右虚丁步；目视右手上方（图 8–279）。

神意运使：左手意在小指向外、向下引带，右手意在无名指，向前、向上引领，虚灵顶劲，气沉丹田（腰胯沉降）。

图 8–279

第四式　右云手式

第一动　腰胯松落

姿势动作：放松腰胯，使身体有形下降；右脚掌放松落地，右膝弯曲；手势不变；目视右手指前平远处（图 8–280）。

第二动　右手开展

姿势动作：左右逐渐变换重心，右手自左前方隅位走上弧线向右开展，至体重右移至两腿中间时，右手行至身前（正北），右掌渐变成拇指向上斜指向身前，掌心向左侧；左手松垂于左胯外；目视右手前方平远处（图 8–281）。

图 8–280

图 8–281

神意运使：意在右手食指上行后下沉。虚领顶劲，使脊骨竖直，中气沉下。

行功释义：因两腿间距很小，左右脚下重心虚实的转变运动幅度不能大。如本动只收吸右侧腹股沟即可将重心轻易转移过来，但易犯的毛病就是本动结束后，体重已完全负于右腿。因手在中间，重心却在一边，中正已失去了。计数自 1 至 10 完成。

第三动　右手平展

姿势动作：身体重心逐渐向右移动，右手渐渐外旋翻转，向前走外平圆弧线向右舒展，至右侧前隅位上方时，掌心向下，掌指向前，腕与肩同高，重心同步完全移至右脚。随即左脚向左平开，以脚尖虚点地面；左手与开脚同时自左胯外行至右大腿前，指尖向下，掌心向右；目视右手前方平远处（图 8–282、图 8–283）。

第四动　右手变勾

姿势动作：右手继续向右开展至右侧正线（东）后，右臂略上举，随即放松手腕，五指自小指开始自上向下依次屈拢无名指、中指、食指、拇指而成勾手状，勾尖下垂；目视右侧隅位前上方（东北）（图 8–284）。

图 8–282

图 8–283

图 8–284

第五动　左手上引

姿势动作：左手经右膝前向右侧身前隅位（东北）上引，中指搭扶右腕内侧脉门处，掌心斜向身体右侧上方；目视右勾手顶部上方远处（图 8–285）。

左脚五趾依次逐步放松落下至小趾着地，带动上体渐向左侧转动；同时左手臂左转至身前正向（正北）；右勾手留置于身体右侧（正东）不随身转；目视身前（北）平远方（图 8–286、图 8–287）。

图 8-285

图 8-286

图 8-287

神意运使：神意在外，自身体右侧极远处渐渐转至正前方，意在松沉腰胯。

行功释义：精神领起，把握左脚五趾逐一下落，虽然因身体松沉而着地，但不能带动重心左移。

第六动　双手开展

姿势动作：接上动，左脚跟向内收下落，带动身体左转，左脚尖对正左侧前（西北），同时左臂随至左侧前方，三分之一体重移至左腿。重心再微左移，使两腿平分体重，成马裆步；同时左手继续向左至左侧正线（西）止，掌心向外（正西），两臂成一字势；目视左手前方平远处（图 8-288、图 8-289）。

图 8-288

图 8-289

练功要言：也说随意

今见：凡人说拳讲理，多随口言“随意”，亦能付诸实践，以种种体现以说明、表现随意之功效，然意竟如此好“随”乎？

按：意者，人之第六感识也。乃眼、耳、鼻、舌、身之外之识也，不能断此五识，即不能得此感。故世上学拳而真能随意，谈何容易。大都无外乎“意”随其心而已。

察心与意非一，意是先天神识，心是后天觉知；真能随意，则妄想皆为真实矣。

是知今之所谓“随意”者，皆随便尔。随自己之便，而违拳道之意，亦名“随意”，不亦可笑哉。

第二十七节　左高探马行功法

本式是舒展神意的功法，高者领其神，探者固其本；左是指身体重心在左，而以右手前展。

第一动　重心移右

姿势动作：身体重心逐渐移于右腿，至右脚完全负重，上体微左转；左掌向下松落，掌心翻转向上；右勾手渐变为掌，掌心向下，屈肘合于右肩前；目视左侧前方（正西）平远处（图 8-290）。

第二动　两手虚合

姿势动作：上体继续左移至面对左侧正线（正西）；两手掌心相对，虚拢合抱于胸前；同时收回左脚，脚尖虚置于地面，成左虚丁步；目视左侧前方平远处（图 8-291）。

神意运使：虚领顶意，树直身线，上线与右下线相合为上下一条线（即身线），用意松肩垂肘，成两手合抱势。

行功释义：此动由神意引领，视线自身前先向上升起后，渐转向左侧（正西），带动身体转动至西向左侧，同时因为虚领顶劲导致的气沉丹田、中气下沉而形成两臂相应的放松下落，并合抱于胸前。计数自 1 至 10 完成。

图 8-290

图 8-291

第三动　开步进身

姿势动作：右膝弯曲，使身体重心向下，左脚提起向身体左前方隅位（西南）伸展，脚跟着地，脚尖上翘，随即平落，形成右坐步；双手指尖与视线同转向左脚正线前方（图 8-292）。

神意运使：虚领顶劲，右手随神意远去。

姿势动作：重心微降，左膝弯曲，右手随进身之势向左脚前上方（正西）舒伸，重心渐向左移至两腿中间；目视右手前远方（图 8-293）。

图 8-292

图 8-293

行动释义：前动双手虚合时，另有一身体直起的做法，可以使身体轻松地向左转过去并收上左脚。所以本动开始先要屈膝下沉。即便今已大多不再做直起身体的功法，但下降身体重心仍然必要。因为可以通过重心下降而使腰松胯开裆部圆撑，从而使左脚外摆伸展动转轻灵。

神意运使：意在领起身体上线，保持垂直状态。

行功释义：脚下动转仍依成法，自脚下中心点位置，依次行至右脚大趾下。计数自 1 至 10 完成。

第四动　进身探掌

姿势动作：重心继续前移，至右腿舒展伸直，右脚跟向右摆 90°，使左右脚尖同一方向（正西），成左弓步，左腿完全负担身体重量；同时右手在左脚下线上舒伸至面前，掌心向下，掌指向前（正西）；左手附于右肘弯内侧。上体整体右转，至右手在右脚前下线上止，右手手指指向身体右侧（西北）；目视右手上方高远处（图 8–294、图 8–294 附图）。

图 8–294

图 8–294 附图

神意运使：顶劲不失，意在右膝隐收后，向右脚后无限远去。右脚跟轻松摆出，意在坐腰胯转，使上体右转，右手指尖追逐视线无限远去。

行功释义：右膝后收至右腿伸直，当松腰转胯时，精神领起，脊背有向后撑的形意。两肘意犹须下沉入地以固中正。计数自 1 至 10 完成。

练功要言：心包太虚·量周沙界

心包太虚者，太虚因在我胸中而现于眼前。量周沙界者，眼前只有沙界(众生)，而无一己之身意。太虚万象是真实境象现前，非是幻觉！将虚空作真实见！是真实有，而非以无作有。如看电视中节目，是真有，此真有，是虚空所生，象虽有，性为空，故曰真空妙有。

第二十八节　右分脚行功法

分脚是分手踢脚的意思，表现在形体上，手虽两分，其意需合。心意若合，则分手即是开中之合；若意不能合，则身手即散。

第一动　右掌回捋

姿势动作：右掌向右侧循上圆线捋展向下，垂手左转至左膝外，以掌背贴左膝外侧，掌心向左，指尖向下；同时左手离开右肘弯，微内旋使掌心向右，置于右耳外侧；重心不变；目视身前（左脚前正线）平远处（图 8–295）。

图 8–295

神意运使：神意上领，腰意沉下，以固腿脚，以畅气息。

行功释义：本动结束时双臂近乎环抱，要点是不可用力，接触处似挨不挨的就可以，否则一用力，则等于自我捆束。计数自 1 至 10 完成。

第二动　双臂交叉

姿势动作：双手上提，两臂于面前交叉相合，右掌在外，左掌在内，掌心均向内；重心在左腿不变；视线自双手交叉的中间向远处平视（图 8–296）。

神意运使：右手意在拇指，左手意在食指。

第三动　上举起身

姿势动作：紧接上动，双手继续上举至头顶上方；左腿直立，右膝提起，成左独立步；视线通过两手腕下向远处平视（图 8–297）。

行功释义：拳法皆是动态。旧传此式双手打开才是定势，其实打开不过是下一动形而已，不要执任何一法为定型。

第四动　分掌蹬脚（右）

姿势动作：两手直臂向身体两侧下分展开，右手指向身前（西北），掌心向左，略低于肩；左掌掌心向右，指尖向后（南），略高于肩，同时右脚向右掌方向蹬出；目视右掌前方（图 8–298）。

图 8–296

图 8–297

图 8–298

神意运使：意向上领，松舒肩背，两手意向极远处舒展，以维系身体中正平衡。

行功释义：分脚的做法，可以是踢起腿，膝盖弯曲，意在脚尖踢出，也可以是蹬腿踢出。

练功要言：心空身自化

空是无物，化是无力。

理论上，只要心不着物，自然清净，所谓“内空虚而外脱化”；具体到行动，则须拿此有形之躯体为用功夫处，日日时时，寸寸锤炼，忽一日，桶底脱落，云开见月，觉从前所为，皆是虚妄，自然丢弃，心遂空，恍惚之间，已不觉身存矣！

第二十九节　右高探马行功法

高探马重心在右（左），而以左（右）手伸展，是重在锻炼左右上下的交感，也是调和阴阳的一种规律。

第一动　身体松落

姿势动作：左膝弯曲，松腰使身体重心下降，至右脚跟着地，成左坐步；同时右掌向下松落，掌心渐转向上，至掌背在右膝上止；左掌屈肘向内松落至左肩前，掌心向下；目视右侧前方（正西）（图 8–299）。

第二动　两掌虚合

姿势动作：右脚平松落地，两手掌心相对，虚抱相合于胸前；目视身前（西）平远处（图 8–300）。

神意运使：顶意上领，腰胯意下沉，使身体重心松降，肩、肘的意思向下，而使双手自然合抱于胸前。

行功释义：本动与左高探马略有不同，左式两掌合抱是收回虚腿。

图 8-299

图 8-300

第三动　重心前移

姿势动作：右膝相应弯曲，重心渐向前移至两腿中间；同时左手随进身之势向右脚正线上前方（正西）舒伸，掌心向下；右手附左肘弯内侧；目视左手前方（图 8-301）。

第四动　左手前引

姿势动作：重心继续前移，至左腿舒展伸直，成右弓步；同时左手在右脚前正线上伸展至面前，掌心向下，掌指向前（正西）；目视左手上方（图 8-302）。

图 8-301

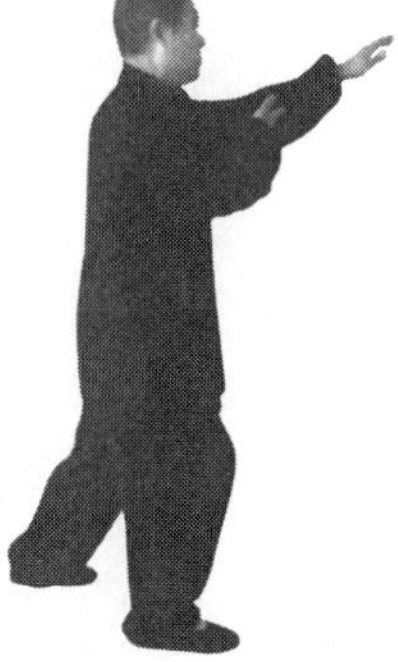

图 8-302

练功要言：

太极功夫之体用，先贤所教以一“敷”字最为上。敷有包裹、覆盖、笼罩、依附多义。如演绎为附，则附彼身上更易做到随曲就伸，所谓“因敌变化示神奇”也。临阵时我意罩定对方，此“敌不动，我不动，我意在先”。既能罩住对方，敌之虚实必能了然于胸。此为功夫境地，非凭空想象可得。敌之心意取舍犹我之取舍，此真舍己从人之境地也，所谓“料敌机先”耳！

不过前辈遗留的东西，大多是已成就的境界，照着做不免多生歧途，总要细心体识以能得意始可。

第三十节　左分脚行功法

分脚者是以形论，实则分化梳理自身左右内外之阴阳耳。故用功不可在起腿分心踢脚上。

第一动　左掌回捋

姿势动作：左掌向左侧循上圆线捋展向下，垂手右转至右膝外，以掌背贴右膝外侧，左掌心向右，指尖向下；同时右手离开左肘弯处，微内旋使掌心向左，置左耳外侧；重心不变；目视身前（右脚前正线）平远处（图 8–303）。

图 8–303

神意运行：神意上领，腰意沉下，以固腿脚，以畅气息。

行功释义：本动结束时双臂近乎环抱，万不可用力，接触处似挨不挨就可以，否则一用力，则等于自我捆束。计数自 1 至 10 完成。

第二动　双臂交叉

姿势动作：双手上提，两臂于面前交叉相合，左掌在外，右掌在内，掌心均向内；重心在右腿不变；视线自双手交叉的中间向远处平视（图 8–304）。

神意运使：左手意在拇指，右手意在食指。

第三动　上举起身

姿势动作：紧接上动，双手继续上举至头顶上方；右腿直立，左膝提起，成右独立步；视线通过两手腕下向远处平视（图 8–305）。

第四动　分掌蹬脚（左）

姿势动作：两手直臂向身体两侧下分展开，左手指向身前（西南），掌心向右略低于肩；右掌掌心向左，指尖向后（北）略高于肩；同时左脚向左掌方向（西南）蹬出；目视左掌前方平远处（图 8–306）。

图 8–304

图 8–305

图 8–306

神意运使：意向上领，松舒肩背，两手意向极远处舒展，以维系身体中正平衡。

练功要言：行云流水与被动

练拳行功时，拳势展开当如行云流水。行云流水今多解释为“连绵不断”，原也不错，但在其具体行动上则表现为如山脉形势“此起彼伏”或如蛇行之外相“节节推动”，去本意甚远。

“行云流水”一词原不需解释，言简意真，不但字意没有其他的隐意，形象也别无他指。只需想一下平时看到过的景象，稍加思索就不难理解。我们在注视晴空的云时，会觉得它是静止的，盯着看时好像也在移动，但要寻找这个移动迹象却又找不到，可这云确切地在运动，因为隔一会它就明显地不是处在原来的位置了。而流水呢？我们观察流动的水，最好找到一处水面上有东西处，只看东西，就会觉到东西在不动不摇中很快就去了另外一处（下游），却无法察觉到刚才在此处的水流到哪里去了。

八卦掌门传有一要求，练习蹚泥步时，要使身体如同水上漂木。只见水流不见木动，追求的也是这种境界。这就证明“行云流水”都是无迹可寻的运动，比拟在行动中就是取的“动而无迹”的意思。凡运动只要无迹，即便有形，也是符合自然运动规律的。即是陈鑫说的“与圣人同体，与天地合德”之“神乎运动”的运动形式——“不运动而自运动者”！

其实运动时无形无迹，人在旁边也察觉不到，然而又确实是在运动，这个境界即为周身一家。运动行功法理就是达到这个境界的正确途径。

被动的意思并不是把自己置于劣势至受到压迫才能运动的地位，而是指行动过程中局部与整体、运动与原动力之间的相处关系。比如手对身体来说是局部与整体的关系，手的运动原动力是来源于身的，手自己是不会也不能动的，只能是在身体的变化中使手达到了自己的运动目的，但手的运动目的在行功中又是为主的，正因为主是实的显现，易被人注意，所以决不能有“主动、乱动、妄动”的形体及意思的丝毫表达，对于手来说，要达到目的，还不能在运动中为主，就要“被动”运行。同样的道理，身体如果想前进后退，自身也不能主动去做，而要由双脚的虚实转化去完成。这样的运动表现出来是自然的，无迹可寻，有迹也是只有行功者自己知道。被动的真正目的在于求得与自然同一的阴阳变化，是要在长期的放松退力过程中逐渐身知体悟。能退力则能松，能松自然易做到被动，被动了自然也已可随曲就伸，随心所欲却又纯任自然，自与行云流水无异。

第三十一节　转身蹬脚行功法

转身者，圆也；蹬腿者，方也。切莫有转身踢人之意。

第一动　两手相交

姿势动作：左脚松落提膝，成右独立势，两手渐变为拳，各以腕部相交于胸前，左外右内，拳心均向内；视线向正前方（西）平远处（图 8-307）。

神意运使：松肩垂肘，意在远处领起顶劲。

第二动　独立转身

姿势动作：以右脚跟为轴，向左转身，使左脚尖转至身前正线（正南）；其他身手不变；目视身前平远处（图 8-308）。

神意运使：神意上领，左胯外展。

行功释义：此动无助行，难度较大，老练法多以向左提左膝与胯相合，带动身转，只是动静太大。其实只要精神提得起，身体自然转得灵，又何必肢体辅助，甚至喧宾夺主位呢？先贤顶劲永远不能失去的教训，信然！

图 8-307

图 8-308

第三动　双手变掌

姿势动作：两手上举，渐变为掌，掌心渐渐翻转向外；目视左侧前方（东）平远处（图 8–309）。

神意运使：心意无限地向上引领，松肩展臂，腰胯外展下沉，感觉左膝的向上提起意。

第四动　分掌蹬脚

姿势动作：两手直臂向身体两侧下分展开，左手指向身前（东），掌心向右，略低于肩；右掌掌心向前，指尖向右（南），略高于肩；同时左脚向左掌方向蹬出（正东）；目视左掌前方平远处（图 8–310）。

图 8–309

图 8–310

练功要言：论开合

开合者，开的是天地门户，合的是天心月圆。亦可说开的是心，合的是神。开时周身内外，四肢百骸，八万四千毛孔，三百六十骨节，处处俱开。可以心念，处处皆生门户，自然洞开。故全身即是一个虚无同体（身如虚空）。人触之，必有无所用力之真实感。以此虚无之实体，入于万事万物，即为合，亦名心合于神。心是无心，圆是神具。骨化为气，则人触之不见物质（空）。筋若成像，寻人则力能入其髓海（虚）。

第三十二节 进步栽捶行功法

第一式 进步按掌

第一动 左腿松落

姿势动作：右膝弯曲，使重心下降，左脚脚跟落地，成右坐步，脚尖向前（东）；同时左手随身降下落至左膝上方，掌心向下；右手掌心向内落于胸前；目视前方平远处（图 8–311）。

第二动 左脚松落

姿势动作：左脚平松落地（图 8–312）。

图 8–311

图 8–312

第三动 重心移左

姿势动作：体重移至左腿（图 8–313）。

第四动 右掌前按

姿势动作：身体重心不变，右掌心突出向前（东）展按；左掌自然松落至身体左侧外，掌心向下、指尖向左侧外下方；目视右手前平远处（图 8–314）。

图 8-313

图 8-314

第二式　按掌栽捶

第一动　提手上步

姿势动作：右掌自身前左脚正线上下按至左大腿上方，此时右腋下与身体的夹角为 45°，如同起势双手臂下落的位置；目视右手前方（图 8-315）。

左掌自左胯外向前经右手拇指侧上提至左耳侧外时成虚勾状，视线转向身前平远处，右手不动。随即右脚自后向身前以脚跟点地落于身前右脚正线上，脚尖上翘成右虚步；目视身前高远处（图 8-316、图 8-317）。

图 8-315

图 8-316

图 8-317

第二动 右脚松落

姿势动作：右脚平落；左手虚勾落于胸前上方时成掌；右手随势扶转至右脚线前（图 8–318）。

第三动 重心右移

姿势动作：腰胯松落下沉，右膝相应弯曲，身体重心逐渐向前移动至两腿中间；手势不变；目视身前平远处（图 8–319）。

第四动 左掌前按

姿势动作：身体重心继续前移，至左腿逐渐伸直，成右弓步，体重完全负于右腿；左掌手指渐转向左，使左掌心突出向前（东）展按；右掌自然松落至身体右侧外，掌心向下、指尖向右侧外下方，轻扶下按于右胯外；目视左手前平远处（图 8–320）。

图 8–318

图 8–319

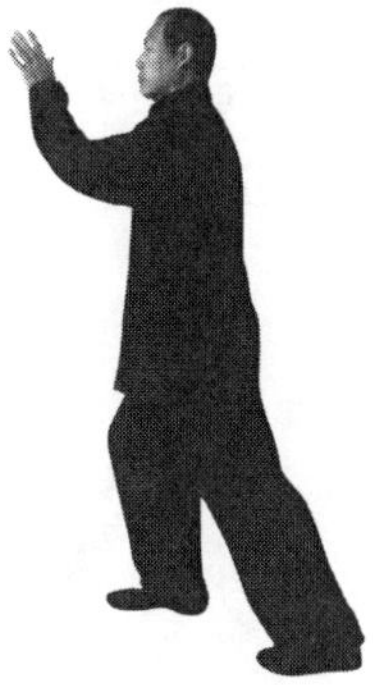
图 8–320

第五动 按掌上步

姿势动作：左手向右脚前正线下按（正东）至下隅角上（即右膝前），同时右掌握拳收于右胯侧。再收左胯提起左腿，向前以脚跟着地，脚尖极力上翘，成右坐步；上体身、手不变；目视身前平远处（图 8–321、图 8–322）。

图 8-321

图 8-322

第六动　进身下栽

姿势动作：左脚掌平落，膝盖逐渐弯曲，身体重心向前移至两腿中间；左掌随身进而向前舒展，掌心渐转向右；右拳自右胯侧向前舒伸；目视身前（正东）下方平远处（图 8-323）。

重心继续前移至右腿展直，成左弓步，体重完全负于左腿；同时，右拳前伸至左脚前上方；左手回收于右臂弯处；目视右拳前下方，意在极深处（图 8-324）。

图 8-323

图 8-324

行功释义：栽捶又名击地捶，顾名思义是向下行气的功法。向下自然会破坏中正身形，所以吴式太极拳有“斜中寓正”之说，即是指当依拳术行功要求而身体不能保持自然中正时，在直正的情况下，整体倾斜。形势虽斜，身体仍然自有中正。栽捶拳式即是斜中寓正的做法，面虽向下，顶意不失；目虽下视，以深为远，与自然中正时无异。只怕习练者积对待之习气难改，直身时能远观，向下时即寸光矣！

练功要言：论虚实

虚的是空间万法（万法皆妄作，故虚），实的是缘生妙有（万物皆因空性而生，故曰妙有）。虚的是骨，实的是筋。虚骨所以心欲柔和，柔和自然可以收敛入骨，而骨可化气；实筋所以体要舒展，舒展自然可以存神养气，而筋可成象。此处自然，非人为之意也。

第三十三节 翻身撇身捶行功法

第一动 引手正身

姿势动作：右拳向前方往上舒伸，身体直起；左手扶右臂内侧，随之上行；重心不变；目视身前高远处（图 8–325）。

神意运使：右拳随视线远去，顶劲领起使身体自然树正。

行功释义：当两手前展并身体直起时，腰胯要持平下沉。

图 8–325

第二动 翻身开步

姿势动作：接上动，当右拳上行至面前上方后，左脚尖内扣，使身体右向后转至原背对方向（正西），双手在头上方随身运动。右脚随即向右开步，脚跟着地，成左坐步；目视前方（正西）平远处（图 8–326、图 8–327）。

神意运使：神意向上领起身线，自能轻松转身。

行功释义：在顶劲上领后，加意空松腰胯，则右脚随身体右转势自然能开步。

图 8-326

图 8-327

第三动　右脚松落

姿势动作：视线远引，身正气沉，全身放松，使重心微微下沉；右脚自然平松落地；双手在右膝正线上不变（图 8-328）。

神意运使：虚灵顶上意，自然身中舒，神升气则降，脚下自分明。

第四动　重心前移

姿势动作：身体重心渐向前移，右膝相应弯曲，渐至左腿展直，身体重量完全由右腿负担，成右弓步，上体树正；同时双手（左掌心扶右拳上）缓缓松落至右膝上方；左掌向前与右膝上下对齐为止；目视身前（东）平远处（图 8-329）。

图 8-328

图 8-329

神意运使：肘意直沉入无限深处，神意上升至无限高处。

行功释义：这是“撇身捶”中“捶”的行功部分。虽名为捶，不过是言其形势，而叫“沉採”的意思，则是肘意向下有弥漫压迫之意。左掌虽抱合右拳，但只是轻触，不是真把掌心按在右拳眼上。

练功要言：论裹肘

拳术要求裹肘者，非身体外撑，亦非内缩。乃是在形体适当（中）时，肘不动，而肘意向下沉，自得裹感，积久为功。形体不动，心意才能引开。

第三十四节　翻身二起脚行功法

翻身在此无意义。因古法重技击，于栽捶后翻身将左右腿连续踢出，故名翻身二起脚。今行拳以养气存神固本培元为要。前属翻身名为撇身；此式起腿名为二起。虽名二起，左腿只是用意踩踏尔。

第一动　左脚开步

姿势动作：左掌向外翻落至右拳下，掌心向上；右拳变掌微转，使掌心与左掌心相对虚合；左腿向左前伸展，使脚跟着地成右坐步；目视身前平远处（图 8–330）。

神意运使：虚领顶劲，右手随神意远去。

图 8–330

第二动　重心前移

姿势动作：重心微降，使左脚掌平落，左膝相应弯曲；右手随进身之势向左脚前上方（正西）舒伸；重心渐向左移至两腿中间；目视右手前远方(图 8–331、图 8–332)。

神意运使：前动双手虚合时，另有一身体直起的做法，可以使身体轻松向左转过去并收上左脚。所以本动开始先要屈膝下沉。即便今已大多不再做直起身体的功法，但下降身体重心仍然必要。因为可以通过重心下降，使腰松胯开、裆部圆撑，从而使左脚外摆伸展动转轻灵。意在领起身体上线，保持垂直状态。

图 8-331

图 8-332

行功释义：脚下动转仍依成法：自脚下中心点位置，依次行至右脚大趾下。

第三动　体重移左

姿势动作：重心继续前移，至右腿舒展伸直，形成左弓步，左腿完全负担身体重量；同时右手在左脚下线上舒伸至面前，掌心向下，掌指向前（正西）；左手附于右肘弯内侧；目视身前（图 8-333）。

神意运使：顶劲不失，意在右膝隐收后，右脚向后无限远去。

第四动　右掌前引

姿势动作：右脚跟向右摆 90°，使左右脚尖在同一方向（正西）。上体整体右转，至右手在右脚前下线上止，右手手指指向身体右侧（西北）；目视右手上方高远处（图 8-334）。

图 8-333

图 8-334

第五动 右手回捋

姿势动作：右掌向右侧循上圆线捋展向下，垂手左转至左膝外，以掌背贴左膝外侧，掌心向左，指尖向下；同时左手离开右肘弯，微外旋使掌心向右，置右耳外侧；重心不变；目视身前（左脚前正线）平远处（图 8-335）。

神意运使：神意上领，腰意沉下，以固腿脚，以畅气息。

第六动 交叉独立

姿势动作：双手上提，两臂于面前交叉相合，右掌在外，左掌在内，掌心均向内；重心在左腿不变；视线自双手交叉的中间向外远处平视（图 8-336）。

神意运使：右手意在拇指，左手意在食指。

第七动 上举起身

姿势动作：紧接上动，双手继续上举至头顶上方，左腿直立，右膝提起，成左独立步；视线通过两手腕下，向远处平视（图 8-337）。

图 8-335

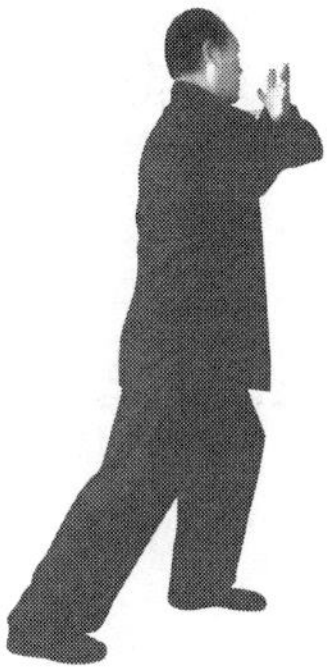

图 8-336

图 8-337

第八动 分掌蹬脚

姿势动作：两手直臂向身体两侧下分展开，右手指向身前（西北），掌心向左，右手略低于肩；左掌掌心向右，指尖向南，左手略高于肩；同时右脚

图 8-338

向右掌方向蹬出，目视右掌前方（图 8-338）。

神意运使：意向上领，松舒肩背，两手意向极远处舒展，以维系身体中正平衡。

练功要言：论出手回手

夫练拳术，但凡有动，必以舍身忘我，无为入境为旨归。手之出也，必向身前极远缥缈处。真实虚无之功夫，莫着一物。着则意移，即失真矣！及至手回，莫存收回想，只做圆转动。如滚滚车轮，只是向前去。一萌回意，则身手俱现，境地不再矣！需知，身手与诸法，皆为虚假之幻相，遇机应缘则生。然其本性为空，若执为实有，必受局限，此所以为手法无尽而难穷，逐之无益！而了知空性，自可随缘而生万法。故佛法以真空妙有成诸行门，以成就世间万缘。

第三十五节　左右打虎行功法

打虎势是寓意取势的功法，形如奋起而势若虎威。行功要处依此思维。左右指在左在右，不是左右手。

第一式　右打虎式

第一动　提膝摆掌

姿势动作：右脚松落，提右膝，成左独立；双手翻转使掌心向下，右手屈肘摆至左肩前，指尖与左手指同一方向（正南）；目视左手前平远处（图 8-339）。

第二动　左脚后提

姿势动作：身体右转，右脚向后（东北）方撤步，脚掌落地，使脚尖向正北；双手随转身落脚而松落至左膝两侧上方（图 8-340）。

第三动 重心右移

姿势动作：右膝弯曲，腰胯下沉，使重心逐渐向右腿移动，两手渐移至两膝上，掌心均向下（图 8-341）。

图 8-339

图 8-340

图 8-341

神意运使：此动视线可随手向下，意思深入地下。

行功释义：双手从左侧上方垂落后，至此动时随腰胯的有形下沉而向下至两膝上；目光除下沉外，也可平视身前。

第四动 双拳上举

姿势动作：重心继续右移至左腿伸直，左脚尖右转 90°（向正北），成右弓步；两手渐变为拳，于右膝前右前左下向右前上方伸展，右拳在前，高与鼻同，拳心向前，拳眼向左（西），左拳在右肘下，拳心向右后（东南），拳眼向上；目视左前方平远处（正西）（图 8-342、图 8-343）。

神意运使：两手意自地下极深处潜行至极远处。因圆效应，自然向上升起。

行功释义：上动视线虽向下，因求着意深，仍是虚领顶劲的意思，所以到了本动时，顶意领起双拳或双拳追逐神意，自然不会因为形体的起伏抑扬而造成体感的不一。

图 8-342

图 8-343

第二式　左打虎式

第一动　双手左摆

姿势动作：右脚尖内扣 45°，身体左转；双手随身转动渐变为掌，掌心向下，右前左下，向身前（右脚尖指向）伸展（图 8-344）。

第二动　右脚后提

姿势动作：身体左转，左脚向左侧身后（东南）方撤步，脚掌落地，脚尖朝正南；双手随转身落脚而松落至左膝两侧上方（图 8-345）。

图 8-344

图 8-345

第三动 重心左移

姿势动作：膝弯曲，腰胯下沉，使重心逐渐向左腿移动；两手渐移至两膝上，掌心均向下（图 8–346）。

神意运使：此动视线可随手向下，意思深入地下。

行功释义：双手从左侧上方垂落后，至此动时随腰胯的有形下沉而向下至两膝上；目光除下沉外，也可平视身前。

第四动 双拳上举

姿势动作：重心继续左移；双掌变拳向左前上方伸展，左拳在前，高与鼻同，拳心向前，拳眼向右（西）；右拳在左肘下，拳心向左后（东北），拳眼向上；目视右前方平远处（正西）（图 8–347）。

图 8–346

图 8–347

注：本式第二动左脚先以脚尖着地，而第一式是脚跟先着地，第四动右腿展直时，右脚跟是向外开展，第一式是脚尖向内扣合。

练功要言：

但行走坐卧，皆以无极状态要求自己之身心肢体，即是练功。不必非有拳术动作才是用功。

第三十六节　提步蹬脚行功法

提者，上领。蹬者，既喻踏实之体，又含虚蓄之意。

第一动　双手上举

姿势动作：承上势，左腿直立，使身体高起，双腕交叉上举至头顶，渐变拳成掌向外翻转，左内右外，掌心均向外；同时右膝提起，脚尖悬垂，成左独立势；目视身前平远处（正南）（图 8-348）。

第二动　分手蹬脚

姿势动作：同右分脚式第四动（图 8-349）。

练功要言：

认识自己，把握肢体，运动心神，师法自然，一切自在。

图 8-348

图 8-349

第三十七节　双峰贯耳行功法

贯耳者，两相合也。意如张一巨网，而寄形于双臂，有铺天盖地之势。心中切莫以击人为能事。

第一动 身手下落

姿势动作：左膝弯曲下蹲，使右脚跟着地，成左坐步；同时双手随身松落于身前，掌心向上；目视身前（正西）（图 8-350）。

第二动 双手下按

姿势动作：右脚掌下落；同时双手向内翻转，使掌心向下（图 8-351）。

第三动 重心移右

姿势动作：重心向右移动，右膝相应弯曲，渐至左腿展直，右膝弓正，成右弓步；同时双手向下向后沉採，渐变成勾手，置于腰后；目视前方（西）平远处（图 8-352）。

图 8-350

图 8-351

图 8-352

神意运使：手上的意思深入地下，顶意逐渐远去。

行功释义：重心转换至此已成惯例，可依前法行功一气呵成，不再分别解说。因为前面拳式的练习，基本上已能掌握行动的速度，所以计数法也不必再用。

第四动 双拳相合

姿势动作：双勾手各以内旋向外开展后，再向左右两侧舒展，向上至与肩同高时，变拳合于面前（正西），双拳小指侧在上，拳面之间约距 2~3 寸；

目视身前平远处（图 8–353、图 8–353 附图）。

图 8–353

图 8–353 附图

神意运使：意如张一巨网，而有铺天盖地之势。

行功释义：如张一巨网的意思是说，双臂摆动以神意在极远处伸展运行，如同铺天盖地而相融合于前方一点。双拳相对的间距以肩松的程度而定。松得好，自可离得近；松得不足当距稍远，以免挑肩架肘，致气息上浮。

练功要言：体悟经典

我身体如磨轮转，然外形似静止，人触之始觉我身在转，而我之身手又无形迹运动可寻，此当即为拳经“静中触动动犹静”之意。

《走架打手行功要言》：“人一挨我，我不动分毫，趁势而入，接定彼劲，彼自跌出。”人来挨我（挨是客气话），我如何能“不动分毫”而又能“趁势而入”呢？此在于一意思！人来而我意先透敌躯体，此所谓“意在人先”；彼时避敌中线，微横而进，此所谓“手脚齐进横竖找”，亦即“乘势而入”。乘何势？我避开敌中线，则我正敌偏，我自然据有形势之胜。如何能避开敌之中线？我自转换中心即可。如此则可察彼意，以我之意接彼劲力，可使“彼自跌出”。何故？彼以实击虚，无可用力，即属被我将其劲力“引进落空”。

此皆须懂劲后始能为之，不懂劲万事休提。求懂劲之法，一退力而已。本力退尽，真力自生。彼时何劲不懂？故知懂劲者，实为太极拳学入门之法理也。夜半不眠，再思“静中触动动犹静”之意，当为我静中（实为动而人不知，以为静也）人触及而觉动，然肢体并无主动、乱动、妄动之举，故曰“犹静也”！静则心神意气安静，净则身体内外松空。

第三十八节 披身踢脚行功法

披者，中分之意。披身者，衣服搭而不穿，即手臂不伸进两袖之意。可知披身者类同穿衣，穿衣必自内向外伸展，故此处拳意当以培养中气为要。

第一动 摆脚转身

姿势动作：右脚跟内收，使身体与脚尖右转至起势时方向；双拳随身右转，向内微收；重心在右脚不变；目视身前（正北）(图 8–354)。

第二动 两拳交叉

姿势动作：身体继续右转至正对前方（北），两腿下蹲成左歇步；同时两拳手腕相交，松落于胸前，左拳在外；视线渐移至左侧（西）平远处(图 8–355)。

第三动 上掤提膝

姿势动作：两臂向前外翻向上，双拳渐变成掌向上掤起，两臂呈环状；同时右腿直起，提左膝，成右独立势；目视身体左侧平远处（图 8–356)。

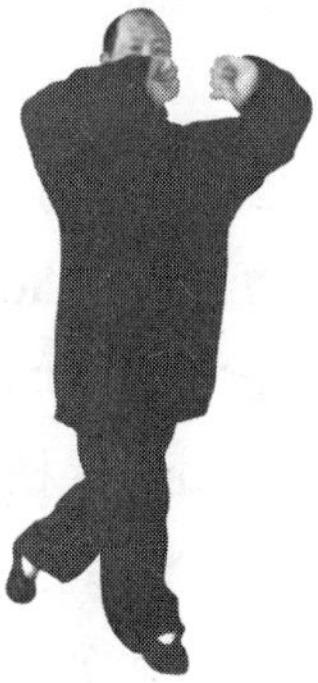

图 8–354

图 8–355

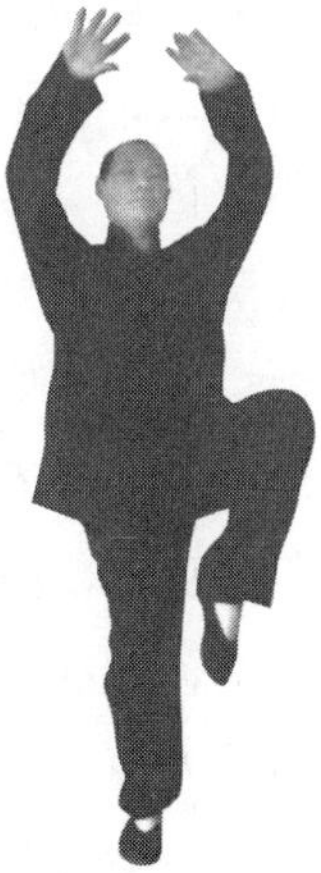

图 8–356

第四动　分手蹬脚

姿势动作：同左分脚第四动（图 8-357）。

图 8-357

练功要言：

练内家拳发力，极谬！反而有提倡者，真正怪事。

发力是生活行事时的需要，比如工作中、技击时。而练功是培元、筑基，是养后天以固先天。用白话说，练拳人所发的必是拳力，而你未成就拳功，拳力何在？既非拳力，则此时所发，不过是常人本来固有之本力、拙力而已，不唯徒劳，且易使气血翻腾，反有害于养生。

古训云：休养生息！休万事才有颐养之功，养则始生真息，真息生而始入自然之门户。今人每于行功时用力使气，妄言发力，是又多一事。本尚未休，复又生事，气息不滞者，未之有也！

所以学习内家拳，千万不可在练习时，乃至未成就功夫之前，发力用劲。应一念专注于休养，以使息生。息生则气长，气长（cháng）力自长（zhǎng）。身若具备功力，何愁无用武之地？而独于练功未就时表现，是欲击杀空间无形之恶魔耶，抑或是驱赶身中心藏之厉鬼乎？不过是于有人或无人处耀武扬威罢了，或希人道一句“好功夫”，与身心何益？不亦可笑乎。

又有一等年迈老师，自己不明道理，却嘱少壮学者倾力施为，至练功场上呼喝之声不绝于耳，唱戏乎？

练功当求放松，松则肢体协调，心身和谐。而发力则使肌肉紧张，肌肉紧张则血行不畅，血行不畅则筋骨不得滋养，又要支持发力的能量付出，久必耗损精神。这种现象诚如重阳先师所谓：虽骋一时之俊，终亏万代之业！

第三十九节 转身蹬脚行功法

第一动 转身落脚

姿势动作：左脚经身前循环线向右脚外侧落下，脚尖向北；同时身手向右转，至左手指向正西；重心仍在右脚；目视前方平远处（图 8-358）。

神意运使：左脚意走外弧。

行功释义：左脚向右脚跟后方上落的做法，对腰胯放松程度要求较高，初时会觉得别扭；双臂随身摆动，可使意在极远处，自能保持身体平衡。依据渐变原则，落脚尤须缓行，难行能行，才是真修行！

第二动 转身抱拳

姿势动作：身体继续右转，逐渐使左脚落实，完全承担身体重量。面向右侧，松落腰胯，身体下降，右脚收回，脚尖点地；同时双臂屈肘，使两手变拳逐渐交合于胸前，右外左内；目视身前（西）平远处（图 8-359）。

图 8-358

图 8-359

第三动　双手上举

同“提步蹬脚”第一动（图 8–360）。

第四动　分手蹬脚

同“提步蹬脚”第二动（图 8–361）。

图 8–360

图 8–361

练功要言：太极拳的意境

正确地理解太极生化及运动本理，约束身心的行为，以符合太极自然运动之规律，换言之，以太极自然运动之规律来要求身心，每一举动，形体轻灵稳健，身心轻松愉悦，即为已入拳境。

先贤明确指出，太极者，无极而生！

太极既源于无极，学者则必须先感受无极才能进入无极之境。

何为无极之境？就是说无极在自身上是一种什么感受？如何才能感受到？探源知本才有派流，这才是学太极拳最重要的。

无极就是中和。求得无极即是致中和。《中庸》云：致中和，天地位焉！具体到身上，则诚于中而达于外，身上处处可感松空柔顺，生机萌动，无一处有力，无一处出力，无一处无和气，无一处不融融……周身内外就是一团和气！和气所在，万有一体！此真无极境也。不获此，永世难知太极拳意境。

其静若是，动亦如是。其静也，体内生机萌动，有动之意而无动之形；

其动也，肢体开合运转，有动之形而无动之意。此“无极而太极”之理境也（见周敦颐《太极图说》）。

静不失其意，则无极孕太极也；动不变其感，则太极本无极也。

肢体动作虽然是心意运使产生的，但若执于肢体动作，即失意境。

简言之，有动作、有手法、有动意，即无意境。

是拳皆有意境，亦各有入境法门，所以有拳种之别、流派之分。八卦、少林、通臂、劈挂……莫不如是。

太极拳之意境，必以符合太极原理，否则即失真意，即为妄！

诸位同修，每天下手行功，切要留意自己行的是形意八卦进门之道，还是少林通臂入境之法！

人生短暂，瞬息百年，莫错会了太极拳意！

再回头已是百年无身！

第四十节　上步搬拦捶行功法

第一式　左搂膝式

第一动　落脚下坐

姿势动作：左膝弯曲，使身体下降，右脚下落以脚跟着地，成左坐步；同时右掌随右脚下落而下按于右膝上方；左手松腕渐变成勾手，虚提至左耳外侧；目视右手前上远方（图 8-362）。

第二动　落脚展指

姿势动作：腰胯放松，使右脚掌平松落地；同时左勾手依次伸展五指成掌（图 8-363）。

第三动　重心前移

姿势动作：同第六节右搂膝式第五动（图 8-364）。

图 8-362

图 8-363

图 8-364

第四动　左掌前按

姿势动作：同第六节右搂膝式第六、七动（图 8-365、图 8-366）。

图 8-365

图 8-366

第二式　左搬式

第一动　左手下落

姿势动作：右掌变拳，拳眼向上，逐渐上提至右腹前；左掌下落，掌心扶右拳拳眼上；目视身前平远处（西）（图 8-367）。

第二动　引手上步

姿势动作：双手向右前上方舒展，同时左脚提起向前落于左脚正线上

（西），脚跟着地，脚尖上翘，成右坐步；目视双手前方平远处（图 8–368）。

图 8–367

图 8–368

第三动　进身左搬

姿势动作：先舒松腰胯，使左脚掌平松落地，随即弓屈左膝，使重心逐渐移至左腿，右腿伸直，成左弓步；同时双手随进身自然左向进转，势如向左搬物状，当左弓步成形时，左手在左脚正线上方，掌心向下，右拳变掌，掌心向上，中指轻扶左腕脉门；目视左手前方平远处（图 8–369、图 8–370）。

神意运使：两手搬物的意思要在极远处实行。

第四动　重心后移

姿势动作：腰胯下沉，右膝相应弯曲，使身体重心逐渐后移至右腿，左脚尖翘起，仅脚跟着地，成右坐步；双手左前右下，随身左转撤回至左脚小趾上方，视线渐转至身体左侧隅位（西南）平远处（图 8–371）。

图 8–369

图 8–370

图 8–371

第三式　转身拦手

第一动　卸步转身

图 8-372

姿势动作：保持上动手势、重心不变，身体右转至右脚正线（正东），随身转至右线；目视身前平远处（图 8-372）。

神意运使：神意于右正线前方向上领起。

行功释义：卸，有交付、推弃二义。依此义，卸步即是指改变原有态势。但太极拳每一动都是在改变态势，此处不同的是，形势的改变虽然也是渐变转化，而神意的运动则是此起彼伏，即意在转体前，本在隅处（东北），转体时即从正线前出现，并不从隅位过来，这也是拳经所要求的“忽隐忽现”之法。

第二动　左手上拦

图 8-373

姿势动作：左手屈肘使前臂竖起成上拦手势；同时右拳收回至右胯前；目视身前平远处（图 8-373）。

第四式　进步冲拳

第一动　左脚松落

姿势动作：放松腰胯，向下微降重心，左脚平松落地。左掌向下，掌心与右拳眼相合于胸腹前；目视身前（东）平远处（图 8-374）。

神意运使：意在收吸右侧腹股沟，身体重心自然下降。

行功释义：每逢重心下降的动作，应节节放松施法。先使肩背松落腰胯上，胯腰再松落脚下，脚则深入地下。形动虽微，用意要真。

第二动 进身冲拳

姿势动作：左膝相应弯曲，重心渐向前移至两腿中间，随即左脚负重，成左弓步；左掌右拳本身不动，随身进运行；目视前方平远处（图 8–375、图 8–376）。

图 8–374

图 8–375

图 8–376

神意运使：精神上领，意在收吸左侧腹股沟与右膝后收，使右腿逐渐舒直，形成左弓步。

行功释义：拳经说“变转虚实须留意”，是指当两腿虚实变换交替之时，要时刻留意，认真合理如法行功。此动的关键在右膝后收时既不负先前身体之重，也不能负新生体重之力。收虽有形，要在意隐！即膝盖之间要避开体重，能在后收展腿的过程中，不承受重量，要用收敛入骨的放松法理，使膝盖内隐于无形，使右腿在轻松中卸任。

练功要言：

关于人体三线，虽然叫做线，其实只有点。因两点之间线是用意虚连的。虚线垂直是本，行功则随动而运，不失本意。不可认为是一条真实线。论相则同，用意则非。虚则可有可无，因是在有无之间；实则不易变通，因其具体而难化也。

第四十一节　如封似闭行功法

第一动　双手交合

姿势动作：舒展右肩，使右臂放松略向前微左摆动；左肩放松，使左手向下松落，自右肘以下向外穿出，与右臂形成交叉相合后上举于面前；腰胯微有沉降，身体重心在左腿不变，右膝相应微曲；目视身前平远处（图 8–377、图 8–378）。

第二动　重心后移

姿势动作：身体重心逐渐后移至两腿中间，两手渐开，右膝相应弯曲；目视身前平远处（图 8–379）。

图 8–377

图 8–378

图 8–379

第三动　体重移右

姿势动作：身体重心继续后移至左腿伸直、右腿完全负重，左脚尖翘起，成右坐步；两手左掌、右拳在面前左右分开，略同肩宽，掌心向面；目视身前平远处（图 8–380）。

第四动 右手展指

姿势动作：保持身体重心不变，右拳自食指起，依次舒展中指、无名指、小指、拇指，使指尖向上；目视双手前方平远处（图 8-381）。

第五动 下坐落脚

姿势动作：腰胯微向下沉形成坐姿，左脚掌平落，虚置于地面；双掌下落于胸前，指尖向前，掌心相对，两前臂呈水平状态；目视身前平远处（图 8-382）。

图 8-380

图 8-381

图 8-382

第六动 前移重心

姿势动作：保持形体态势，身体重心逐渐前移至两腿中间，左膝相随右膝呈微曲状；双手随重心前移向前；目视身前平远处（图 8-383）。

第七动 体重移左

姿势动作：身体重心继续前移至左腿完全负重，成左弓步；仍然保持身手态势不变；目视身前平远处（图 8-384）。

第八动 双掌前按

姿势动作：视线远瞻，双手内旋，使掌心向前成推按态势（图 8-385）。

图 8-383

图 8-384

图 8-385

练功要言：

道家性命双修的总则，即所谓“逆之则成仙”，指的是一切行动思维都与常人相反。如常人干什么事都先用心思考，然后再努力以求达到目的或完成思想的目标，而修道者无论干什么都丝毫不动心，使所做的一切“随缘成就”，所以叫“应物自然”，这是老子传教“无为无不为”的大道法理。无为是说不是为专干一件事而设想一种方法，无不为是指这种方法可以用来干任何事。比如不能为了切萝卜用一把刀，切白菜而用另一把刀，切豆腐再找一把。就是这一把刀，只要磨好了，碰到什么就切什么，这即是“随缘成就”所具有的无为无不为法理。

吴图南先师说过“学太极拳者，须要有脱胎换骨的毅力”。换言之，是人的行为，就不是太极拳！舍己并不是遗弃己身，如同送羊入虎口任其宰割，这仍是舍弃自身的主观意识造成的主动行为，也是修炼“无为”的开始。

主观意识造成的主动行为属于凡事有所为有所不为，即执于某一处，易落于偏，导致行事不圆满，形迹太重。

第四十二节　豹虎归山行功法

第一动　双掌前俯

姿势动作：双手前俯，掌心向下，双手手指向前；身体重心在左腿不变；

目视手前平远处（图 8-386）。

第二动　右转开展

姿势动作：右膝微屈，脚跟离开地面，左手不动，右手随身体右转 90°，右脚跟也随之同步内合，使脚尖与手指方向一致；两腿成骑马势，身体重心仍在左（图 8-387）。

第三动　重心右移

姿势动作：接上动，继续向右转体 90°，重心移至右腿；目视右手前平远处（图 8-388）。

图 8-386

图 8-387

图 8-388

第四动　双手开展

姿势动作：左腿随身体右转自然伸直，成右弓步；目视右手前平远处（图 8-389）。

第五动　双臂上举

姿势动作：双手自身体两侧上举至隅位；目视前方（图 8-390）。

图 8-389

图 8-390

第六动　立掌上步

姿势动作：双臂翻转，使双手掌心向身前向上，身高不变；同时收上左脚与右脚平行，双脚距约同肩宽（图 8-391）。

第七动　身体直起

姿势动作：保持上动态势不变，双腿挺直，右腿负重；目视上方（图 8-392）。

图 8-391

图 8-392

第八动 双手合抱

姿势动作：双手同时自两侧隅位向上、向前交叉相合于头顶上方，左手在外。随即两手交合状不变，双肘下落至胸前上方，也即双腕交合点下落至露出脸部，约在下颌部位，同时双腿弯曲，使身体重心下降；目视前方平远处（图 8-393、图 8-394）。

图 8-393

图 8-394

练功要言：

如果对方想要使我的身体整体或局部向某一不利于我处运动，并想要通过这个举措使我失去平衡，可以有两种形式：一种是以他的局部，即身体任一处，在某一合适的位置撼我的整体或以他自己的整体带我的局部而造成我失衡的现象；另一种是以我的局部攻击我的整体或以我的整体摧垮我的局部，目的仍然是要我失去平衡乃至作战能力。

无论哪一种形式，运动的方向如较未动时所处地位稍高乃至于很高，就叫“仰之”；如较原地稍低乃至很低，就叫“俯之”。这是对方想要使我仰跌或俯摔出去的意思（我进击人亦同此意）。这时我的意思应该超越他的劲意，如他想要使我身体向上运动一尺，则我的意思要向上一丈或十丈乃至无限高，此谓之“弥高”，“弥深”的意义相同。在我这种做法是“舍己从人，随曲就伸”的原则。但真能做到“弥高、弥深”，则仍需要在松静上下功夫。能松静则能在双方接触时做到不顶不丢，否则一搭手，对方一“仰之”或“俯之”，我已立足不稳了，还如何再“弥高”或“弥深”！

第四十三节　左右搂膝行功法

第一式　左转开步

第一动　右转下按

姿势动作：上体右转至隅位（东北）；左手掌心向下松落至隅位下隅角止；同时右手渐变虚勾，随转身运行至右耳外侧；重心在右不变；目视左手上方平远处（图 8-395）。

第二动　左转开步

姿势动作：神意在外向左平移转视，身体随之缓缓左转至左侧隅位（西北）止，左手不动随身转至指尖指向下隅角时，左脚提起（形如提起，实际是随转身之势，自然摆动）向左侧微开，脚跟着地，脚尖上翘，成左隅坐步；同时右手逐渐舒指成掌，随身运动，指尖对正左侧隅位与视线同，左手则因右手的变转及左脚的开展而至身体右侧（西），掌心向下不变；目视左侧隅位前平远处（图 8-396、图 8-397）。

图 8-395

图 8-396

图 8-397

第二式 左搂膝式

第一动 左脚松落

姿势动作：重心不变，松胯使左脚平松落地；视线不变（图 8–398）。

第二动 重心前移

姿势动作：左膝放松并相应弯曲，身体重心逐渐前移至两腿中间；右手指随视线微向前（西北）展（图 8–399）。

第三动 体重移左

姿势动作：上体姿态不变，身体重心逐渐完全移至左腿，形成左隅弓步，左腿负担全身重量。身体朝正前方（北）微向左转，左膝对正身前(北)；视线与右手指均向隅位（西北）远方（图 8–400）。

第四动 右掌展按

姿势动作：右手掌指微向右转，使掌心对正隅位（西北）前方，舒展轻按；左手同时按于左胯处（正西偏南）；重心不变；视线远引不变（图 8–401）。

图 8–398

图 8–399

图 8–400

图 8–401

第三式　转身提手

第一动　左手下按

姿势动作：右手自身体左侧前隅位放松下按至下隅角；左手同时渐变成虚勾收提在左胯侧；目视身前平远处（图 8–402）。

第二动　身体右转

姿势动作：身体继续右转，左脚尖内扣 90°至右侧（正东），带动身体同步右转；两手不变随身运动；视线自左向右平移远引（图 8–403、图 8–404）。

图 8–402

图 8–403

图 8–404

第三动　左手上提

姿势动作：左手松垂至大腿左侧成掌型，再向右侧前隅位（东南）直臂平举如起势，带动上体微向右转；右手则随转而摆至右胯外侧；目视左手前平远处（图 8–405、图 8–406）。

第四动　右脚旁开

姿势动作：接上动，左肘松垂微曲使左手微向上提起，右手向右侧微去（手指向正南）；同时右脚右开成隅步，右脚脚尖上翘，脚跟着地；视线在左手前不变（图 8–407）。

图 8-405

图 8-406

图 8-407

第四式　右搂膝式

第一动　右脚平落

姿势动作：重心不变；松胯使右脚平松落地；视线不变（图 8-408）。

第二动　左手展按

姿势动作：身体重心逐渐向右至完全移至右腿，形成右隅弓步，右腿负担全身重量；此时身体朝正前方（东）微向左转，视线与左手指均向隅位（东南）远方，右膝对正身前；左手掌指微向左转，使掌心对正隅位（东南）前方，舒展轻按；右手同时搂膝后按于右胯处（正南偏西）；重心不变；视线远引不变（图 8-409）。

图 8-408

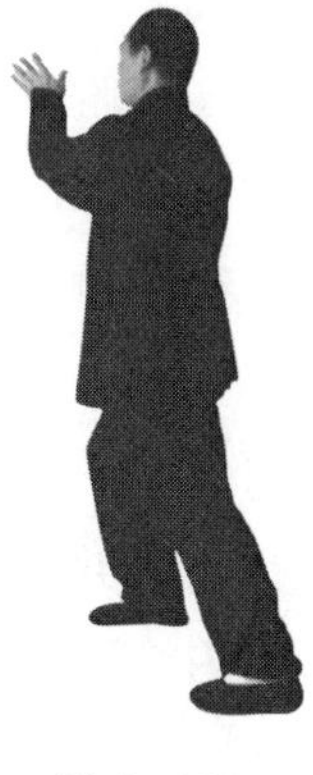
图 8-409

练功要言：

“引进落空”的“引”字实在是武术体用的关键，不会引、不能引则其他技击无从谈起。引的方法，现在人多在前边加一“牵”字，名之曰“牵引”。顾名思义，是抓拿到人体某一部分，再向自己所处位置的左右上下领带拉扯，以使之失去平衡。其实这是外门手法技艺，不是太极功夫阴阳变化的体现。

太极拳经典中虽然也有“牵动四两拨千斤”之说，但彼此所需要求“牵动”者，乃是对方的力点劲意，切记是劲意而非劲力，更不是肢体。四两是指对方的力点的梢节或可称为劲力的露出的头，千斤是指对方整体所蕴涵的劲力或即整个身体。我之所以能够找到对方的劲力所冒出的头，即他的“四两”处，必然是因为对方违背了太极拳运动轻灵圆活、力不出尖的要求所致，对方劲力一出，我则为之打扫道路鸣锣开道，使其全身劲力如青龙出水，一泻千里，孰料这是设的圈套陷阱，所以说“引”字引的实为人的神识以及精神意识。

如在对敌中我虚晃一拳，一定要使对方坚信这是真实的攻击，必然全力防范，这既是举全力去对付乌有，焉能有效？但其力已出尖，我即可因敌之举动而顺势引领。正如《八法秘诀》中指导的那样，“引导使之前，顺其来时力”，我则举动轻灵与其接触部位不顶不丢（轻灵不丢顶），对方发而不能收，待力量吐尽，必然失势蹈空，即拳诀中说的“力尽自然空”，此时对方已毫无能力，任我处置，即所谓“丢击任自然”。上乘的引法可以控制对方的神意，极神妙，非亲身经历而无法使人相信。

现在学拳的人大多把人拉扯得东倒西歪不能自主至跌倒在地，就认为这是“引进落空”。还有的人在交接中先以拙力相持或以一手先用大力向对方施加压力，待对方奋起抵抗时，忽然变换用力方向位置，而以另一手向自己身侧后扯拽对方，欲使对方倾跌，这是技巧，属于武术外门手法，去太极拳道甚远！

对方意思前来探路打听消息，我则报以前方平安无事，此处也没有埋伏，以能够使人信以为真并驱动兵力进攻为上，这在我即为引敌、使敌进。敌进来后，我通过阴阳变转而使他的劲力远离我身，这时敌势已经落空。

引进能为功，不在引进，而根于：心能舍己，意愿从人！

第四十四节 隅步揽雀尾行功法

第一动 右手前展

姿势动作：左手翻转，使掌心向上；右手掌心向上提起，自左臂弯处经左手臂外侧循弧线到左手上方，右手掌根在左掌中指尖上；右弓步重心不变；目视右手外平远处（图 8–410—图 8–412）。

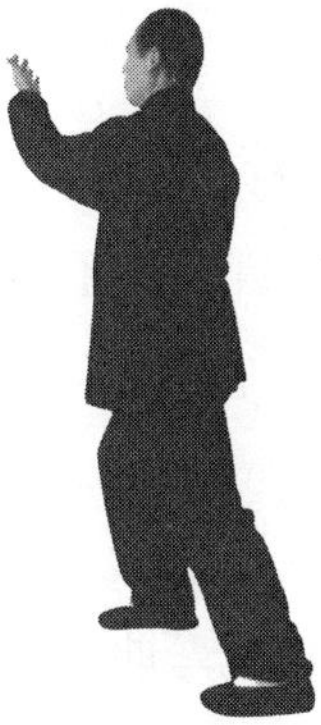

图 8–410

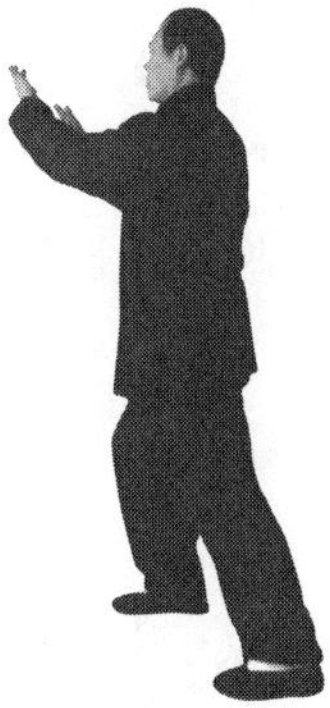

图 8–411

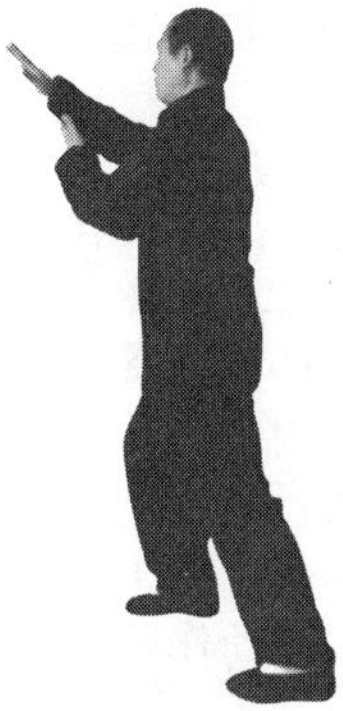

图 8–412

第二动 重心后移

姿势动作：重心不变，身体微沉，双手随之逐渐松落至右侧腹前，随即重心后移，渐至左腿承担全身重量，右脚尖翘起，脚跟着地，成左坐步；右手掌心向下，手指指向右隅（东南）；左手中指托扶右手脉门；视线微转向右前远处（图 8–413、图 8–414）。

第三动 转身落脚

姿势动作：上体左转，同时双手翻转，左手在上，掌心向下，中指轻扶右腕脉门；右手在下，掌心向上；左坐步重心不变；视线由东南远方渐转至正东前平远方（图 8–415）。

图 8-413

图 8-414

图 8-415

第四动　右手掤展

姿势动作：放松腰胯，使右脚掌平松落地，随即前移重心渐至右脚负重，成右弓步；同时双手依前姿势向前上方（东）舒伸；目视右手前高远处(图8-416、图 8-417)。

第五动　右手上掤

姿势动作：身体继续右转 45°（东南）时松腰，左膝相应弯曲，重心逐渐后移至左腿完全负重，右脚跟着地，脚尖翘起，成左坐步；同时右手随后移之势，追逐视线自前转向侧面（西南）；左手依旧扶右腕不变；目视右手上方(图 8-418、图 8-419)。

图 8-416

图 8-417

图 8-418

图 8-419

第六动　右手松落

姿势动作：松肩垂肘，使右手屈肘松落，手指向上竖立于右肩前（东南）；左手仍扶右腕；同时身体左转，面向右手，目视右手前平远处（图8-420）。

第七动　右掌前按

姿势动作：身体保持上动姿势，右脚尖转至身前右侧隅位（东北），整体向左转动，至身手同在左脚前正线上（正北）；右手小指侧向前，左手扶右腕，目视右手前方（图8-421）。

第八动　右掌右按

姿势动作：身体整体右转至右侧（东）；以小指侧向前（东）轻按；重心渐移至右脚；目视右手前平远处（图8-422）。

图8-420

图8-421

图8-422

练功要言：说舍己

关于舍己从人，先贤遗留拳学经典中再三告诫，“本是舍己从人，多误舍近求远”（王宗岳《太极拳论》），“先以心使身，从人不由己；后身能从心，由己仍是从人。由己则滞，从人则活。能从人，手上便有分寸”（李亦畬《五字诀》），“务要从人……”。

由此可见舍己从人学说的重要程度。

但常人大多不愿舍己，即放弃自己主动的思想意识及因此而产生的肢体运动形式，更不愿从人，即顺人来势，随人进退产生运动，所以“学道者众，得道者寡”。也有开始在与对方相接触后，愿意舍己从人的，但到了中途觉得形势危急，越来越不利于己——这是因为虽然愿意从人，却没有安排好自己，就不敢再舍下去，以至于功败垂成，甚为可惜。

关于舍己的道理，老子早有明训，即《道德经》中所指出的：“吾所以有大患者，为吾有身；吾若无身，吾有何患?”

把自己一身尽皆付与甚而扔给对方，自己落得一身轻松，只有神意自在我心中。从人是让自身形体随对方形体运动而运动，并不违拗，然后才能把自己的意思敷于彼身，好像罩着对方一样，进一步体察对方的意欲，才能做到拳经中要求的“彼不动我不动，我意在先”，这也可说是“无不为”的开始。今人多言练拳行功是知己功夫，与人搭手问劲是知彼功夫，大致也不算错。但知己知彼的关键并不在于知己知彼，而在于要“自身安排得好”。想知己即生欲望，欲知彼心即外驰，与道（神不外溢）不符。佛教教人重在“破执”，能破人我二执，才算进佛门槛。能舍己自然无我执，能从人则无人执。与人相接，我周身内外曲尽柔顺，以便依人进退，好像对方身上之物，对方自无奈何我的地方——岂有自己跟自己过不去的道理。这是舍己。从人则神意敷于彼身，自易觉知对方的意向，在形为从人，在神则为制人。

第四十五节　斜单鞭行功法

第一动　右手变勾

姿势动作：参考第十三节斜单鞭，此时方向正东（图 8-423）。

第二动　左手打开

姿势动作：参考第十三节斜单鞭，此时方向东北（图 8-424）。

第三动　左脚平落

姿势动作：参考第十三节斜单鞭，方向东北（图 8-425）。

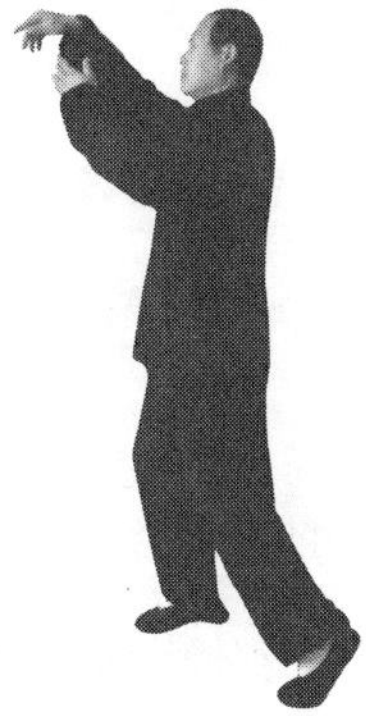

图 8-423

图 8-424

图 8-425

第四动　重心沉降

图 8-426

姿势动作：参考第十三节斜单鞭，方向东北（图 8-426）。

练功要言：

拳学法理有内外相合之训诫，人多以为是内意及外法相合为功，或说是内功、外功合而为一，但这是宏观的述论，让人不得其门而入。

以虚手主内、实手主外而达到内外相合的要求。在运动中实手出而虚手随，方便随时转换虚实。其实实手要被运动行，它的感觉是虚灵的，之所以被称为实手，不过是因为它在前边而已，这是实中有虚，而虚手则要做到虚中有实。做法是松净！松净后似有物，即意思在彼即可。凡行功中，每一举动有虚有实、有轻有重、可刚可柔、可缓可急、可有可无，均可谓之内外相合，实则即是周身一家之谓。理则相合、法则虚实，尽在阴阳变化之中。

第四十六节　野马分鬃行功法

野马昂首，鬃毛自分，是重在顶上之意，非是以手分理也。所以行功的要点就在于领起精神，好使脊背贯通。

第一式　右分鬃式

第一动　右抱七星

姿势动作：左脚尖向右转至右侧正线（东），带动上体同步右转，右脚尖上扬，左腿承担全身重量，成左坐步；同时两手在左脚正线上方相合成右抱七星式（图 8–427）。

第二动　右掌下採

姿势动作：右脚向左移至右膝贴近左膝，仍以脚跟着地；左脚正线上方形成一字步形；左手向右上方移至右耳外侧，掌心向右，指尖向上；右掌掌心向左，移至左膝上方，指尖向下；目视身前平远处（图 8–428）。

图 8–427

图 8–428

神意运使：左掌心之意向右侧无限远去，右手指意深入地下。

行功释义：左掌心向外的意思可起到稳固重心的防护作用。本动因左、右脚大趾前后在一条直线上，所以又名为一字步。

第三动　右脚右开

姿势动作：右脚向右开步，以脚跟着地，成左坐步；同时两手在腹前虚虚合住；目视前方（正东）平远处（图 8-429）。

第四动 右脚松落

姿势动作：腰胯放松，使右脚掌平松落地（图 8-430）。

图 8-429

图 8-430

第五动 重心前移

姿势动作：身体重心逐渐向右移动，至两腿平分体重（图 8-431）。

第六动 右臂开展

姿势动作：身体重心继续前移至右腿完全负重，左腿伸直，成右弓步；同时右手向右前方（东南）舒伸，掌心向上；左手向左下方按至两腿中间，掌心向下；目视身体左前方（东北）平远处（图 8-432）。

图 8-431

图 8-432

神意运使：虚领顶劲，则两手意境愈加深远。

行功释义：这是右分鬃的定势。因右肩膀背有向前挤靠意而使神意更加舒展。本动定势时，上体略向右倾，但不影响身体的中正。因角度视觉不同的原因，从左侧看则身向右斜，从后看则不见倾靠。

第二式　左右分鬃

第一动　左脚开步

姿势动作：右手下落，掌心向左，左手向上，掌心向右，双手掌心虚合于腹前；同时左脚提起向左前方上步，以脚跟着地，脚尖上翘，成右坐步；目视身前（正东）平远处（图 8–433）。

神意运使：领起顶意，松肩垂肘而形成双手运动。

行功释义：领起顶意要留意检校身体中正，所以视线要远瞻。

第二动　左脚松落

姿势动作：保持身体当前状态，腰胯放松，使左脚掌平松落地（图 8–434）。

图 8–433

图 8–434

第三动　左臂开展

姿势动作：重心逐渐向左移动，至左腿完全负重，右腿伸直，成左弓步；

同时左手向左前方（东）舒伸，掌心向右；右手向右下方按至两腿中间，掌心向下；目视身体右前方（东南）平远处（图 8-435、图 8-436）。

行功释义：这是左分鬃的定势。左肩膀背有向前挤靠意而使神意更加舒展。本动定势时上体略向左倾，但不会影响身体的中正。因角度视觉不同的原因，从右侧看则身向左斜，从后看则不见倚靠之势。

第四动　右脚开步

姿势动作：左手下落，掌心向右；右手向上，掌心向左；同时右脚提起向右前方上步，以脚跟着地，脚尖上翘，成左坐步；目视身前（正东）平远处（图 8-437）。

神意运使：领起顶意，松肩垂肘而形成双手运动。

行功释义：领起顶意时要留意检校身体中正，所以视线要远瞻。

图 8-435

图 8-436

图 8-437

第五动　右脚松落

姿势动作：保持身体当前状态，腰胯放松，使右脚掌平松落地（图 8-438）。

第六动　右臂开展

姿势动作：身体重心逐渐向右移动，至右腿完全负重，左腿伸直，成右弓步；同时右手向右前方（东南）舒伸，掌心向上；左手向左下方按至两腿中间，掌心向下；目视身体左前方（东北）平远处（图 8-439、图 8-440）。

图 8-438

图 8-439

图 8-440

神意运使：虚领顶劲，则两手意境愈加深远。

行功释义：这是右分鬃的定势。因右肩膀背有向前挤靠意而使神意更加舒展。本动定势时，上体略向右倾，但不影响身体的中正。因角度视觉不同的原因，从左侧看身向右斜，从后看则不见倾靠。

练功要言：析“变转虚实须留意”

歌诀有“变转虚实须留意，气遍周身不少滞”的说法。从字义上看，当为虚实转换时，应留神在意于变转的地方，务使动作行为圆转而非转折，才能使气血在体内流通无阻滞，这应是太极拳修炼的关键吧。

应该怎样留意？具体留意何处？留意与用意、在意如何区别？则更属关键中之要，历来非师父传心而不能知其所以然。

其实，太极拳便有一万种方法，却只有一理——松！怎样留意？放松就行了。具体留意何处？即于转换处加意求松致柔，使气脉通畅，虚实自然互易——自然者，就是无需人为！用意不过是准备必要的条件，留意即是有心，用意日久而意自在，不待呼之也！是名在意。条件具备了，肢体自能放松，放松了气血畅顺，形成外部动作——拳术套路。或许有人会问，练太极拳不是一直在放松吗？何以在转换处特别要求？是前边则不需要放松吗？的确！太极拳行功无论动静皆不离于松，但是松有进程尺度，学拳的人应先审视自己是已会放松了，还是已经放松了，或者是已可以放松了？若是能时刻处于太元虚无的神感体识境界之中，自无需于动静肇端、虚实转换、阴阳萌生之际，再着意于放松。若是不能，又何必拒绝继续放松呢？况人心皆散乱，就是强收心神，正行一事，忽又念及他事他物，也会导致正干的工作懈怠，这是因为一心不能二用的缘故。若行功练拳，至于虚实转换下若不再强调松意，则惧其心神茫然而无所归属，将不知转向何处矣！我们常常都能看到一些正专心致志练拳者，却忽然遗忘下一势，是什么原因呢？其实就是该用意留神在意处时没有用意留神在意而已。

留神之要，仍然要在“变转虚实须留意”一句中参究。当“留意于虚，变转于实”。留意于虚，自然变转于实。例如，原为右实左虚，欲转换为右虚左实，应该先着意于将右边的实虚尽，在虚尽的过程中，自然导致了左边的充实。就是说在放松原实处的同时，原虚处相应充实；松实处是因，虚处充实是果。这个道理犹如吃饭可以充饥、写字可以成文一样朴实真切。腹感饥饿时，只需吃饭进食，自然消除饿感；想写文章，只要写字，自然成就文章。若是写文章，文章如何写？若是想止饿，饿如何止？饭须一口一口吃，饿感自然一点一点消除；文章也要一个字一个字地写，才能渐渐成文。这是比喻道理，都是被动下的产物。太极拳之所以为自然的法理，即在此。在意不在形，也是此理。

第四十七节　玉女穿梭行功法

玉女寓静而有散华之义，穿梭乃居中而具用中之功。细究体用之法则如梭穿织机，有鱼龙之健、流星之疾，虽疾犹需体静，以符玉女心平神安之意。

第一式　左穿梭式

第一动　双臂虚抱

姿势动作：视线由左侧（东北）渐转至身体右前方（东南）；右掌稍向上舒展，随即屈肘向左、掌心翻转向下至左肩前；左手掌心向上移至右肘下；重心在右不变（图 8–441）。

再收左脚向左前方隅位（东北），以脚跟着地，脚尖上翘，成右坐步（图 8-442）。

图 8-441

图 8-442

第二动　左掤手式

姿势动作：左手向前、向左伸展至左腕与右手中指相触时（东南），左脚平落（图 8-443）。

身体重心逐渐前移，至左脚负重，右腿伸直，形成左弓步；左手掌心向上左展至左脚正线前方（正东）；右手搭扶左肘弯内侧；目视左手前平远处(图 8-444)。

身手不动，整体左转 45°（东北）；重心在左不变（图 8-445）。

图 8-443

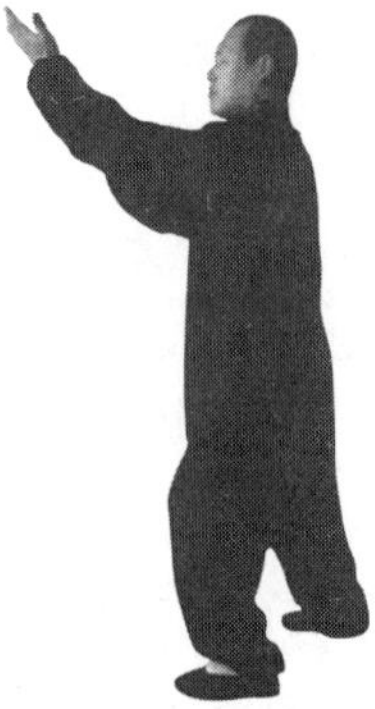
图 8-444

图 8-445

第三动 左手上掤

姿势动作：重心逐渐后移，至右腿承重，左脚尖翘起，成右坐步；视线自左前方左转至左后上方（西北）；带动左手同步随身体重心的后移而左转至左后上方隅角（图 8–446、图 8–447）。

第四动 右掌展按（东北）

姿势动作：左脚平落，身体重心逐步左移至右腿伸直，使左脚负重，成左弓步；同时右掌向左侧隅位（东北）展按，手指向上；左手臂外旋，使掌心翻转向前，随右掌前按、重心左移而上掤至头前上方；两手虎口上下相对；目视右掌前方平远处（图 8–448—图 8–450）。

图 8–446

图 8–447

图 8–448

图 8–449

图 8–450

第二式　右穿梭式

第一动　双臂虚抱

姿势动作：左手向身体右侧下落，至右肩前时，掌心向下，手指向右侧正线（南）；右手松落，掌心向上置于左肘下；目视左手前方（图 8–451）。

左脚尖右转内扣 90°（对正南）身体继续右转，至面向上动时的后方（西）时，右脚跟提起，向右前方隅位（西北）上步，以脚跟着地，脚尖上翘，成左坐步；目视正前方（西）平远处（图 8–452、图 8–453）。

图 8–451

图 8–452

图 8–453

第二动　右掤手式

姿势动作：右手向前、向右伸展至右腕与左手中指相触时（西南），右脚平落（图 8–454）。

身体重心逐渐前移，至右脚负重，左腿伸直，形成右弓步；右手掌心向上右展至右脚正线前方（正西）；左手搭扶右肘弯内侧（图 8–455）。

身手不动，整体右转 45°（西北）；重心在右不变（图 8–456）。

图 8-454

图 8-455

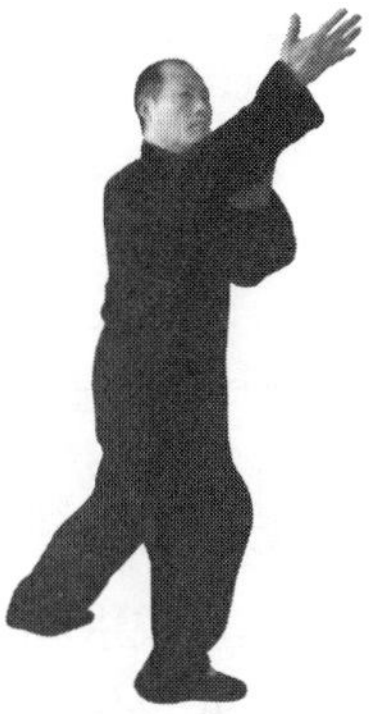

图 8-456

第三动 右手上掤

姿势动作：重心逐渐后移至左腿承重，右脚尖翘起，成左坐步；视线自右前方右转至右后上方（东北）；带动右手同步随身体重心的后移而右转至右后上方隅角（东北）（图 8-457）。

第四动 左掌展按（西北）

参照第一式第四动。

姿势动作：右脚平落，身体重心逐步右移至左腿渐渐伸直，使右腿负重，成右弓步；同时左掌向右侧隅位（西北）展按，掌心向外，手指向上；右手臂外旋，使掌心翻转向前，随左掌前按、重心右移而上掤至头前上方；两手虎口上下相对；目视左掌前方（西北）平远处（图 8-458—图 8-460）。

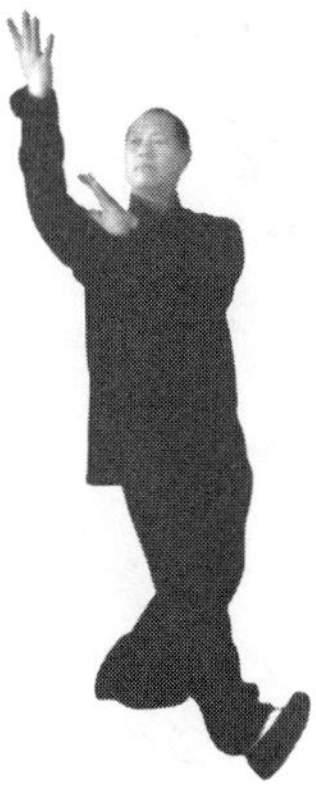

图 8-457

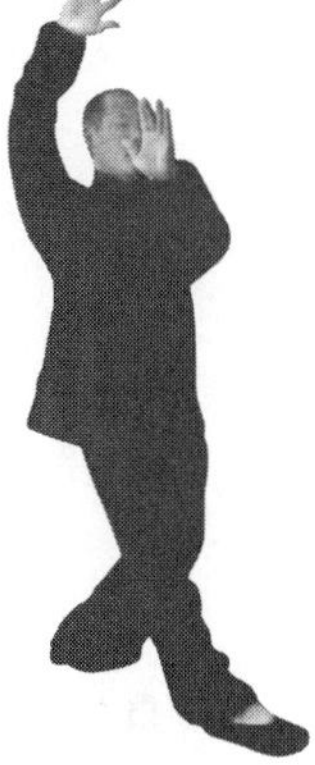

图 8-458

图 8-459

图 8-460

第三式　右分鬃式

第一动　重心后移

姿势动作：重心逐渐后移至左腿完全负重，右脚尖翘起，成左坐步；右手向左，与左手相合于左脚正线上方（正西），形成右抱七星式；目视前方平远处（图 8–461）。

第二动　右掌下採

姿势动作：右脚向左移至右膝贴近左膝，仍以脚跟着地，在左脚正线上方形成一字步形；左手向右上方移至右耳外侧，掌心向右，指尖向上；右掌掌心向左，移至左膝上方，指尖向下；目视身前平远处（正西）（图 8–462）。

第三动　右脚右开

姿势动作：右脚向右开步，以脚跟着地，成左坐步；同时两手在腹前虚虚合住；目视前方（正西）平远处（图 8–463）。

图 8–461

图 8–462

图 8–463

第四动　右臂开展

姿势动作：腰胯放松，使右脚掌平松落地，身体重心逐渐向右移动，至右腿完全负重，左腿伸直，成右弓步；同时右手向右前方（西北）舒伸，掌心向上；左手向左下方按至两腿中间，掌心向下；目视身体左前方（西南）平远处（图 8-464、图 8-465）。

图 8-464

图 8-465

神意运使：虚领顶劲，则两手意境愈加深远。

行功释义：这是右分鬃的定势，在这里当做左穿梭式的前奏。

第四式　左穿梭式（西南）

第一动　双臂虚抱

姿势动作：视线由左侧（西南）渐转至身体右前方（西北）；右掌稍向上舒展，随即屈肘向左，掌心翻转向下至左肩前；同时左手掌心向上移至右肘下；重心在右不变（图 8-466）。

图 8-466

第二动　左掤手式

姿势动作：左手向前、向左伸展至左腕与右手中指相触时（西北），左脚平落（图 8-467）。

身体重心逐渐前移，至左脚负重，右腿伸直，形成左弓步；左手掌心向上左展至左脚正线前方（正西）；右手搭扶左肘弯内侧；目视左手前平远处（图 8-468）。

身手不动，整体左转45°（西南）；重心在左不变（图8-469）。

图8-467

图8-468

图8-469

第三动　左手上掤

姿势动作：重心逐渐后移，至右腿承重，左脚尖翘起，成右坐步；视线自左前方左转至左后上方（东南），带动左手同步随身体重心的后移而左转至左后上方隅角（图8-470）。

第四动　右掌展按（西南）

姿势动作：左脚平落，身体重心逐步左移，至右腿伸直，左脚负重，成左弓步；同时右掌向左侧隅位（西南）展按，掌心向外，手指向上；左手臂内旋使掌心翻转向前、向上，随右掌前按、重心左移而上掤至头前上方；两手虎口上下相对；目视右掌前方平远处（图8-471、图8-472）。

图8-470

图8-471

图8-472

第五式 右穿梭式（东南）

第一动 双臂虚抱

姿势动作：左手向身体右侧下落，至右肩前时，掌心向下，手指向右侧正线（北）；右手松落，掌心向上置于左肘下；目视左手前方（图 8–473）。

左脚尖右转内扣 90°（对正北），身体继续右转，至面向上动时的后方（东）时，右脚跟提起，向右前方隅位（东南）上步，以脚跟着地，脚尖上翘，左腿承担身体重量，成左坐步；目视正前方（东）平远处（图 8–474、图 8–475）。

图 8–473

图 8–474

图 8–475

第二动 右掤手式

姿势动作：右手向前、向右伸展至右腕与左手中指相触时（东北），右脚平落（图 8–476）。

身体重心逐渐前移，至右脚负重，左腿伸直形成右弓步时，右手掌心向上右展至右脚正线前方（正东）；左手搭扶右肘弯内侧；目视右手前远处（图 8–477）。

身手不动，整体右转 45°（东南），重心在右不变（图 8–478）。

图 8-476

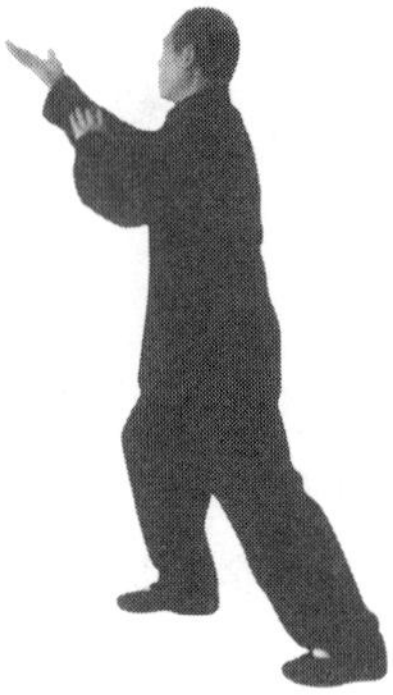
图 8-477

图 8-478

第三动　右手上掤

姿势动作：重心逐渐后移，至左腿承重，右脚尖翘起，成左坐步；视线自右前方右转至右后上方（西南），带动右手同步随身体重心的后移而右转至右后上方隅角（西南）（图 8-479）。

第四动　左掌展按（东南）

姿势动作：右脚平落，身体重心逐步右移，至左腿渐渐伸直，右腿负重，成右弓步；同时左掌向右侧隅位（东南）展按，掌心向外，手指向上；右手臂内旋使掌心翻转向前，随左掌前按、重心右移而上掤至头前上方；两手虎口上下相对；目视左掌前方（东南）平远处（图 8-480、图 8-481）。

图 8-479

图 8-480

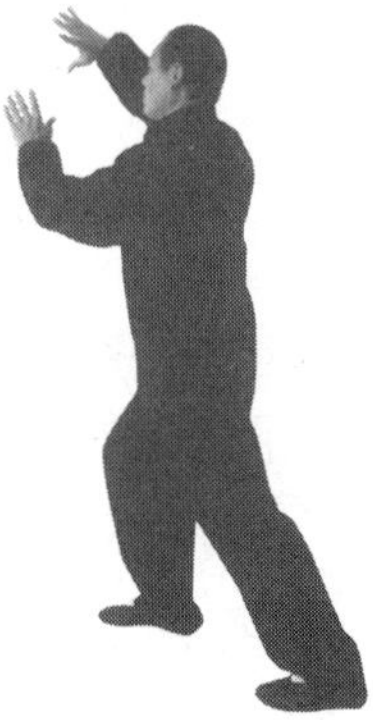
图 8-481

行功释义：鉴泉师祖曾说，玉女穿梭姿势，手肘须对人之中部，彼抓我肘腕，即翻肘挤对方腹部。凡各项姿势，肘、腕均无高过头颅之理，否则即失中正之道。

欲想对人之中，自己必先得中。所以任何动势，前手刻刻不可失中，后手形象或有偏倚，心意必守中运转，才得谓之在中。

练功要言：浅说桩法（行功觉识）

练功到极静处时，常会神思明净、无欲无碍、洞及秋毫，没有丝毫分辨心与争执意，只消随势流转、脚下轻漂，并有一种隐约莫名的或摧使或举浮，总暗自相助于行功，令动势更加随意自然、不杂人力，手上亦然；脑中无物、澄明内外，又似混沌一体，没有我的概念，亦无行动练拳意思，只浑冥置于一无形气体（场）之包围中，亦动亦静，亦浮亦沉，安泰自在。形意桩站久，亦才渐觉周身一家。不断放松身体，将手臂、肩背上的酸累（感觉）通过放松，节节贯穿，释落至脚下的大地之中。这是开始乃至整个站桩过程中，分毫不离的内动。站到感觉酸累至极，若还能加意念、放松坚持，就会渐渐突破瓶颈并感到不可思议地轻松下来，相对环抱的臂弯之间，引力明强，渐成一球体，随之双臂似被微微架托在此处。如果神意（视线）再向高远处外放，则臂膀又似轻松些。当脚下找对位置、静极松透又能坚持至一个钟头时，整个身体似被气囊括在一个气场中。此气感仿佛比练拳到极静处的气感还强（许是静止一处之故，全是当下体会），浑身因被殷实包围而感到一种可靠和安全。微一小动，觉一球形体晃动，因脚下中正、扎稳从而也有不倒翁的感觉。体内似随时都被气场监视，稍有一处疲沓干瘪，即有气分子过去充实。因此身体各处时而微微动荡、保持着整体性的饱满，时而又挺拔昂立，此时可渐入物我两忘境界，思维轻闭，渐至冥寂，仿佛与天地浑然一体（如同打坐之中）。此时脚下早已由麻木而变无知觉，只要无外力干扰，想站多久都行。站桩有了感觉，练拳也会渐入佳境，走路都轻了。

第四十八节　上步揽雀尾行功法

第一动　双手捋按

姿势动作：松肩垂肘，使右手向前（东南）舒展至直臂，左手松落相随于右肘内侧下，两手掌心向下；目视右手前方（图 8–482）。

左脚提起向前（东）上步成右坐步；同时双手向身前下捋，右掌至左膝前，左手至左胯外侧。随即身体重心渐次向前移至左腿，右腿伸直，成左弓步；目视前方平远处（正东偏东南）（图 8–483、图 8–484）。

图 8–482

图 8–483

图 8–484

神意运使：顶意领起，双手的意思在远处向更远处舒展，自然形成下落之势。

行功释义：经云“虚领顶劲，气沉丹田”。意向上引，必然中气下降。中气若沉得下，身手皆落，下部自然可获得稳健轻灵之感。

按：第一动另有一练法。接玉女穿梭定势图 8–481，双手先成抱七星式，同时左脚上步成右坐步，然后保持姿势不变，只向前渐次移动身体重心，如图8–485、图 8–486，下接右抱七星。

图 8-485

图 8-486

第二动 右抱七星

姿势动作：右脚提起向前上步，脚跟着地，脚尖上翘，左腿负重，成左坐步；同时双手在左脚正线上方相合，右手在前，左手附于右臂弯处；目视身前平远处（图 8-487）。

第三动 左打挤式

姿势动作：右脚平落，身体重心渐渐前移至左腿伸直，屈右膝成右弓步；同时右臂向左转平，左掌立起、掌心向前按出；目视身前（东）平远处（图 8-488、图 8-489）。

图 8-487

图 8-488

图 8-489

第四动 掤展回捋

姿势动作：右掌微向前左向翻转右前臂（内旋）使掌心向下，手指自左侧转向正前方；左掌外旋翻转使掌心向上，中指轻扶于右腕脉门处；目视右手前方（重心在右不动）(图 8–490)。

重心不变，身体微向右转后下沉，双手随之逐渐松落至右侧腹前。随即重心后移，渐至左腿承担全身重量，右脚尖翘起，脚跟着地，成左坐步；右手掌心向下，手指指向右隅（东南）；左手中指托扶右手脉门；视线微转向右前远处（图 8–491、图 8–492)。

图 8–490

图 8–491

图 8–492

第五动 进身掤展

姿势动作：上体左转至左脚前正线上（东）；同时双手翻转，左手在上，掌心向下，中指轻扶右腕脉门同前；右手在下，掌心向上。左坐步重心不变，再放松腰胯使右脚掌平松落地；视线由东南远方渐转至正东前平远方（图 8–493)。

身体重心逐渐前移，左腿逐渐伸直，至右脚负重，成右弓步；同时双手依前姿势向前上方（东）舒伸；目视右手前高远处（图 8–494)。

身体继续右转 45°（东南）时松腰，左膝相应弯曲，重心逐渐后移至左腿完全负重，右脚跟着地，脚尖翘起，成左坐步；同时右手随后移之势，追逐视线自前转向侧面（西南）；左手依扶右腕不变；目视右手上方平远处(图8–495、图8–496)。

图 8–493

图 8–494

图 8–495

图 8–496

第六动　右手展按

松肩垂肘，使右手屈肘松落，手指向上竖立于右肩前（东南），左手仍扶右腕；同时身体左转；面向右手，目视右手前平远处（图 8–497）。

身体保持上动姿势，右脚尖转至身前右侧隅位（东北）整体向左转动，至身手同在左脚前正线上（正北）；右手小指侧向前，左手扶右腕；目视右手前方（图 8–498）。身体整体右转至右侧（东），重心渐移至右脚；右手以小指侧向前（东）轻按，食指与鼻同高；目视右手外平远处（图 8–499）。

图 8–497

图 8–498

图 8–499

练功要言：每欲运动之前，务须心静神敛。须知，凡动皆应由被动形成。只有完全松静下来，身与虚空同一，自然随意可动；自可以于静时，体会到肢体未能完全放松时不能放松处的僵紧，便可以在不动时，用尽方法使其处由松至柔，由若返虚而渐同于虚空，才可以随意升降运转。能随意，可谓之随心所欲。

第四十九节　单鞭行功法

第一动　右手变勾

姿势动作：上体继续右转至身体右侧，右掌随右转之势使掌心向右侧按出（正东），重心在右腿不变，右臂略上举，旋即放松手腕，右手五指自小指开始自上向下，依次屈拢无名指、中指、食指、拇指，形成勾手，勾尖下垂，勾背对正正线（东）；左手中指自然搭扶右腕内侧，掌心斜向右侧上方；目视勾顶外远处（图 8-500）。

第二动　左脚后撤

姿势动作：左腿提起向身后（此时面东，身后是西，即左脚正线）撤步，大趾点地；重心在右不变；目视左手前上方（图 8-501）。

图 8-500

图 8-501

第三动 重心左移

姿势动作：左脚五趾依次逐步放松落下至小趾着地，带动上体渐向左侧转动；同时左手臂左转至身前正向（正北）；右勾手留置于身体右侧（正东）不随身转；目视身前（北）平远处（图 8–502）。

第四动 双臂开展

姿势动作：接上动，左脚跟向内收下落，带动身体左转，左脚尖对正左侧前（西北），重心微左移使两腿平分体重成马裆步；同时左手继续向左至左侧正线（西）止，掌心向外（正西），两臂成一字势；目视左手前方平远处（图 8–503、图 8–504）。

图 8–502

图 8–503

图 8–504

练功要言：

行拳虽要重心沉入脚下运动，却不可做得迟涩。何为迟？气不通达，欲行且止又不得不行；何为涩？力不从心，欲不负重却又无法减轻。皆是不能深明法理于身心。其实，重心沉下，虽有形动，而重在意落。故引气下行，使一身上下之阴阳分，而不是要将一身重量放置脚上负重而行。所以但只需意领气沉，精神领起，双脚间重心转换，如燕子抄水，于水面上轻轻滑过即是矣！

第五十节　云手行功法

同第二十六节，文字略。

第一式　左云手式

第一动　左手上引

姿势动作：如图 8–505—图 8–507 所示。

图 8–505

图 8–506

图 8–507

第二动　腰胯松落

姿势动作：重心左移，如图 8–508、图 8–509 所示。

第三动　左手平展

姿势动作：如图 8–510 所示。

第四动　右手上引

姿势动作：收右腿，如图 8–511 所示。

图 8-508

图 8-509

图 8-510

图 8-511

第二式　右云手式

第一动　腰胯松落

姿势动作：如图 8-512 所示。

第二动　右手开展

姿势动作：如图 8-513 所示。

图 8-512

图 8-513

第三动　右手平展

姿势动作：如图 8-514—图 8-516 所示。

第四动　左手上引

姿势动作：如图 8–517 所示。

图 8–514

图 8–515

图 8–516

图 8–517

第三式　左云手式

第一动　腰胯松落

姿势动作：如图 8–518 所示。

第二动　左手开展

姿势动作：身体重心逐渐向左移，如图 8–519 所示。

第三动　左手平展

姿势动作：如图 8–520 所示。

第四动　右手上引

姿势动作：收上右腿，如图 8–521 所示。

图 8-518

图 8-519

图 8-520

图 8-521

第四式 右云手式

第一动 右脚松落

姿势动作：如图 8-522 所示。

第二动 右手开展

姿势动作：如图 8-523 所示。

第三动 右手平展

姿势动作：身体重心移至右腿，如图 8-524 所示。左脚左开，如图 8-525 所示。

图 8-522

图 8-523

图 8-524

图 8-525

第四动　右手变勾

姿势动作：如图 8–526 所示。

第五动　左手上引

姿势动作：如图 8–527—图 8–529 所示。

第六动　双手开展

姿势动作：如图 8–530、图 8–531 所示。

图 8–526

图 8–527

图 8–528

图 8–529

图 8–530

图 8–531

练功要言：先求开展与后求紧凑

首先须要明白，开展的什么？

一般人的认识，就是动作大点、胳膊腿伸得长一点，但这只是为了达到开展的一个方法步骤而已，且不是必要的，换句话说，有也可，无也可。

早先以为开展者，神意。所以一致致力于练拳行功中以神意舒展为主，肢体开展为辅，强调不能看手，也就是不可注意在肢体上，自然得获神意的妙用，这样才能诠释经典本义，效果也很好，足以使神清气爽。不过总觉此法虽好，终是境界相对固定，有不尽之憾。

今晚行功忽然一念触及，可谓恍然大悟，开展的真正本义，乃是指的心量！动作不论收、放，神意总须向远。高瞻才能远瞩，这是从前就验证的，但这个神意远瞻的动力或称心源，就是心量的拓展，心无挂碍，随心而展放(心者，动作之势头)。心助拳势而愈沉稳，拳秉心量而更自然，开展之意油然生于胸中。至此始知，开展是个人行功的究竟程度，而紧凑则是指具体的拳术应用。如养生则需与某一境思契合，技击则与对方攻守之势契合。无人无我，亦有人有我，无非人阴我阳，人阳我阴，人我始成一太极。

人我之于太极，因也；太极之于人我，果也！

开展有三层用功法。初则以肢体尽量伸展为主；待动作能符合心意，即须以规矩约束肢体，是第二层；第三层是在神形已能互为成就中，以自由的心量助长指导神意的运使（世人多以紧凑是把动作拳势再转小，此极谬！一则，若小是，则大必非，又何必求大？二则，肢体动作，大易无我，小必有我。岂有从高境地反求低层次之理)。

以佛法真空妙有之理诠释佛法便可知，个人行功达至无我，是明了空性的自在。应机起用则需具体发挥，自须紧凑。紧是认真合拍，凑是舍己从人，显现不执即是妙有。执于一物一法则无见空性，不执则知万事万物因缘而生，但随缘行即可。

故凡个人行功，永无紧凑！随缘作用，不为开展（不为即不是，以破世人多以放手打出为开展之误论)。

第五十一节　下式行功法

下者，中气降也。旧呼此法为单鞭下势，实是以圆转之形领周天之意，手法宜轻柔。

第一动　转身合掌

姿势动作：右勾变掌，使掌心向下松落，至腹前时，身体左转，左脚尖外摆至左掌心方向（正西），重心移至左腿。右脚跟外转使右脚尖与左脚尖方向一致，成左弓步；右手随进身之势，向左上方与左手掌心相对虚合于胸前，指尖均向前，臂间距略窄于肩宽；目视双手前方平远处（图 8–532、图 8–533）。

第二动　双手上转

姿势动作：双手外翻使掌心向外，自然移至左前隅位（西北）（图 8–534）。

图 8–532

图 8–533

图 8–534

第三动　体重移右

姿势动作：重心继续右移；双手指尖向上随重心向右移摆至右侧隅位上方（东北），右手在上，左手在下；目视双手上方高远处（图 8–535）。

第四动 下势穿掌

姿势动作：屈右膝，松腰沉胯，使身体重心下降，右腿下蹲，左腿展直，成左横档步；同时双手手指引领走右隅位外弧，随身降至身前下方，左手在左膝前，右手在右膝前，指尖均向左，掌心均向下；目视左侧平远处(图 8-536)。

神意运使：右手与左手相合是掤法，意要在两臂向前、向上运动。双手意相合后成一虚线，追逐视线，向前、向上、向右、向下复向左前方，意如在天地这个大圆周上运行，有上天入地之势。

行功释义：双手向右是捋的行功法，捋要轻；向下是按，按在腰攻，是以腰胯须向下落。定势时成左仆步是吴鉴泉师祖的老练法，至杨禹廷先师授人时多已改为横裆步，较易用功。习者可根据自身腰胯腿脚的柔软程度，择法行功。功虽有异，其效无二（附仆步拳照图 8-537)。

图 8-535

图 8-536

图 8-537

练功要言：人刚我柔谓之走

“人刚我柔谓之走”者，人以刚来，我以柔应，人我相会以和，自然形成了走，即运动。

何为刚？有力即刚。何为柔？无力即柔。以我无力应人有力，自然能走。否则我亦有力，与人力顶撞一起，如何能走？故知此句，实舍己从人之法则而具于实践中之言训也。

人刚我柔，因也；走则为果。人来之刚，自然包含速度与力量，否则也不是刚。而我之柔，是以不变而应万变。速度与力量皆是依人的，绝不可自己做主。

“人刚我柔谓之走”的“走”字是“人刚（而）我柔”的结果，是不需自己作为的。这是太极拳“舍己从人”和“随曲就伸”的原则道理。

还可参照拳经的另外两句话：动急则急应，动缓则缓随。应和随都说明了舍己从人和随曲就伸的道理，是互相说明的。

当然自身得具备一切，包括速度与力量，但它们却不能由我们主动使用，而只能“应用”！应机而用！

至于能否把握，则是个人功夫成就的程度，就不好一概而论了。

第五十二节　金鸡独立行功法

卓然而独立，为中定之相。引颈而鸣，有练神之功，上领而下自随之，故行功以贯通体内上下为要。

第一动　重心移左

姿势动作：左手指尖向前（西），引领重心左移渐成左弓步；右手随重心左移进至左肘下，掌心向上；目视前方平远处（图 8-538）。

神意运使：虚领顶劲，中气沉下，手意向前、向上逐视线，自然能轻松进身。

行功释义：本动重心太低，切勿低头看手，否则永难获轻灵之意！

图 8-538

第二动　左独立势

姿势动作：右手自左肘下内旋使掌心向左、指尖向上舒展至直臂上举，领起身体，提起右膝，右脚悬垂；左手自然松落至右膝内侧，指尖向下，遥对右脚跟；目视身前（西）平远处（图 8–539）。

神意运使：右手指意无限向上，逐一提起身体、右膝，左手食指意与右脚任一处意相合均可。习者可自身体会：看各处有何种反应。

行功释义：老拳谱说此式是“提膝打阴脚踢腿”，所以需要具膝部向上意。

第三动　重心移右

姿势动作：左膝弯曲下蹲，使右脚向右侧上方以脚跟着地；右手向前松落，左手在右腋下（图 8–540）。

右脚掌平落，重心渐移至右腿，右膝弯曲，左腿展直，成右弓步；双手随进身变转，右手掌心向下，指尖向前（西），左手掌心向上托扶于右肘下；目视前方（正西）平远处（图 8–541）。

图 8–539

图 8–540

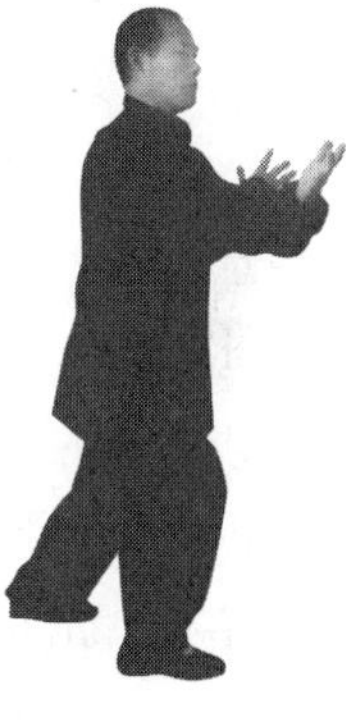

图 8–541

神意运使：意在右手向前追逐视线，右脚下落需有踩踏之意。

行功释义：足有踩踏之意是因为拳谱中“进步落脚踩足面”的要求。重心转换虽已无需计数，那是因为理论上经过前期的认真用功，已可掌握方法和速度，无须计数即能把握渐变规律，每动都能自然平和缓缓用功，并非是在运动中已无须用意在脚下变转。所以还是要时刻做到“变转虚实须留意”，才能“气遍周身不少滞”。

第四动　右独立势

姿势动作：左手自右肘下外旋，使掌心向右、指尖向上舒展至直臂上举，领起身体，提起左膝，左脚悬垂；右手自然松落至左膝内侧，指尖向下，遥对左脚跟；目视身前（西）平远处（图 8-542、图 8-542 附图）。

图 8-542

图 8-542 附图

神意运使：左手指意无限向上，逐一提起身体、左膝，右手食指意与左脚任一处意相合均可。

练功要言：

太极拳术所谓功夫，乃是意、气、力有机结合而表现出之新产物，此物由心神主宰，由气机运化，当机体现，而其本无形声。故拳学之道，所以写意、运气、使力也。

何为写意？意本神识所在，意重则心劳，意大则力僵，意强则气泄。是以用意之法，以轻描淡写为要。写之本身，又含转嫁之意。拳术乃无为无不为之道，既要不执，又须随缘。不执某法则新意可生，随缘应机则无为可期。

何为运气？气者，周旋不舍流通之物。气运则生动，气泄则体重，气之通畅在于其运行顺遂；运者，运其流通之意，自然有引导之功效。

何为使力？使者，派遣之意也，非好用武力之谓也！

这些要求必须契合拳术每一动一静之时。

第五十三节 倒撵猴行功法

第一动 重心下降

姿势动作：右腿弯曲，使身体重心下降；左手落至左耳外侧，掌心向右；右手放松下落前引至右脚前上方，掌心向外，手指斜向前下；目视身前平远处（图 8–543）。

第二动 撤步左按

姿势动作：右腿弯曲，使身体重心下降，左腿向后落脚，成右弓步；同时右手翻掌向左下落经右膝前至右胯外，掌心向下；左手自左耳侧经胸前上方正中，以无名指（意追视线）引领向身前展按；目视左手前平远处（图8–544、图 8–545）。

图 8–543

图 8–544

图 8–545

第三动 右腿后撤

姿势动作：左掌直臂下落至右膝前，右手先垂至身体右侧，再向身前直臂提起，至与肩同高时，身体重心渐次依法后移于左腿，右脚跟着地，脚尖上扬，成左坐步；同时右肘弯曲，使右手渐变为勾手提至右身侧外；目视身前平远处（图 8–546—图 8–548）。

图 8-546

图 8-547

图 8-548

第四动　右掌前按

姿势动作：视线渐向左前方转移，身体随之左移，重心不变；同时右勾手舒展成掌，指尖对正面朝方向（西南）；目视右手前平远处（图 8-549）。

右腿提起向右后撤步，腰胯松落使右腿自然展直，右脚踏实放下，成左弓步；右手翻转使掌心向正前方舒展按出；左手自然松垂于左胯外侧，指尖向下；目视右手前平远处（图 8-550、图 8-551）。

图 8-549

图 8-550

图 8-551

第五动　重心后移

姿势动作：右掌直臂下落至左膝前，左手先垂至身体左侧，再向身前直臂提起至与肩同高时，身体重心渐次依法后移于右腿，左脚跟着地，脚尖上扬，成右坐步；同时左肘弯曲，使左手渐变为勾手提至左身侧外；目视身前平远处（图 8-552—图 8-554）。

图 8-552

图 8-553

图 8-554

第六动　左掌前按

姿势动作：视线渐向右前方转移，身体随之右移；重心不变，同时左勾手舒展成掌，指尖对正面朝方向（西北）；目视左手前平远处（图 8-555）。

左腿提起向左方后撤步平落，腰胯松落，使左腿自然展直，左脚踏实放下，成右弓步；左手翻转使掌心向正前方舒展按出；右手自然松垂于左胯外侧，指尖向下；目视左手前平远处（图 8-556、图 8-557）。

图 8-555

图 8-556

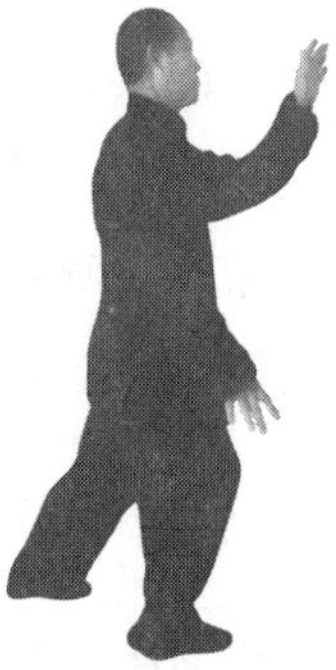

图 8-557

练功要言：放松与练拳

不管放松任何地方，首先需要从认识上了解具体功法的原理。

即为什么要这样做？怎样才能做得准确精致？先在思想上弄清弄懂弄通，然后实施！无极桩即是具体的实施功夫。

练拳时则不需要注意该怎样去放松（如松脚松腰、收吸腹股沟等）。

因为行拳只要流畅，就说明放松得不错，反之就有问题。问题在哪儿，就在哪儿解决。比如是肩膀紧张导致手臂酸困，就找回无极桩时肩部的感觉即可（其实就是把肩部再放回地下极深处）。

放松只是基础，代表不了练拳。虽然没有放松就练不好拳，但，毕竟放松不是练拳！放松时只管放松，松到一定程度才能练拳，而练拳时是无需留意放松的。

这个道理就像盖房子一样。你打好了基础，在进行上面的建筑时，还需要管地下的基础吗？即便基础打得再不好，在地上建筑时，是绝不会更无法顾及基础的。

当然，基础的好坏会直接影响上面建筑的质量，拳法也是如此。

完全明白了周身各处放松的原理和功法，也去实施了（无极桩），而且自我感觉很好，周身上下内外自然协调柔顺，而致心气平和，精神愉快，拳路的练习便在不知不觉中开始了。

第五十四节　斜飞式行功法

按：自本节起至第六十四节云手，除个别动作外分别与第十六节斜飞式至第二十六节云手完全相同，故不赘述文字，只标名称，附定势照片，以示连绵不断意。所谓个别动作是指，第二十三节为卸步搬拦捶，第六十一节为上步搬拦捶，步不同而已。

第一动　双手直摆

姿势动作：如图 8-558—图 8-560 所示。

图 8-558

图 8-559

图 8-560

第二动 双手虚合

姿势动作：左脚向前上步，如图 8-561、图 8-562 所示。

图 8-561

图 8-562

第三动 落脚进身

姿势动作：如图 8-563、图 8-564 所示。

第四动 左臂左靠

姿势动作：身体重心移至左腿，如图 8-565 所示。

图 8-563

图 8-564

图 8-565

练功要言：“拳打人不知”一解

练拳行功以得其意、忘其形为初机，此中境地，唯己一人可见，学人于此境中流连，自有无穷景观，而为他人所不知。故佛语：一花一世界，一叶一如来。

人皆知你在此处做何营生，是有相法而无内景也！

人睹你如龙似虎、飞凤潜鳞，虽然美妙，乃是显于色相之表，而非无为之实！

故打拳须入自家园中，寻古圣仙佛酬唱去。外人岂知？

第五十五节　提手上式行功法

第一动　右抱七星

姿势动作：如图 8-566 所示。

第二动　左打挤式

姿势动作：身体重心逐渐移至右腿，如图 8-567 所示。

第三动　右转上步

姿势动作：收左腿，如图 8-568 所示。

图 8–566

图 8–567

图 8–568

第四动 上提手式

图 8–569

姿势动作：如图 8–569 所示。

练功要言：太极拳练习三要

一要，“理”解太极拳。

1. 求形（要真）

以太极成像的阴阳鱼图形来更换周身内外任何一处，使“无处不太极”。

2. 含意（要切）

以心意运施身形，使太极图像完备于身体内外任何一处，以形合于意，以意达成形。意“行”、身“体”，定要切合。

3. 得体（要实）

形意能具体，可得周身一家感，自能“一动无有不动”。整体感务要踏实、真正、实在，而不是意感或理感。

二要，明了太极理。

1. 以神识感其意

不以心意念维系肢体动作，当在心中明了正确法理后，依法合理运行其事（指行功），于无所求中，能自然感知身体内外的变化，保养好感，而修正不适处。都以淡泊神识而自然获得真意。

2. 以心神悟其法

如上所述，在具体的身体力行中，初时是人为的，虽然也是用意的修正不适感，继而可于不适感一欲露头，心意即时觉而改之。最后，则身心潜意识中、能于身心万向运动中，自己规避不适感。不需人为思考改善处境，即“不思而得”，是为已悟得正法——自然自在的正确功法。

3. 以身心觉其理

悟得了正法，则太极拳中的万事万物、不用理会而已能自然自在。如此日久，其所以然之理，即所有运动的因果关系自在心中了然！这些都不用追求，但依理合法循次以进，即可渐获其功。综言之，即为神识、体悟、心得。

三要，实行太极法。

1. 入门初学要依松

初学行功以求松柔为要务。以求得放松为主。依松的意思就是以松为主，凡不能使心意肢体放松的举措，都要避免。所以初学以桩法为主，析究其理，细明其法。

2. 练拳行功要依法

站桩有功，即是已粗得放松之效，始可学拳。而在练拳时已无需再留心在意于周身各处的放松，也不用管是否能松或已松，只需注意于做好每一动的动静规矩。

3. 求得真知要依静

真知，即我等学人所追求的太极拳功夫，只有在依理合法的运动中，神识皆依清净，身心皆能清净时自然得到。不说功夫而言真知，其意在于，功夫是随缘应机契物而发生作用的，必须以明理正行获得。实际也就是在心里明白了所以然，身上又能表现出所以然为要。

第五十六节　白鹤亮翅行功法

第一动　展指转正

姿势动作：如图 8–570 所示。

第二动 俯身展手

姿势动作：如图 8–571 所示。

第三动 重心左移

姿势动作：如图 8–572 所示。

第四动 重心移左

姿势动作：如图 8–573 所示。

图 8–570

图 8–571

图 8–572

图 8–573

第五动 双手上举

姿势动作：如图 8–574、图 8–575 所示。

第六动 双肘下垂

姿势动作：如图 8–576、图 8–577 所示。

练功要言：太极拳没有静止的时刻，岂能不变？要在能做到随机而应变。拳经讲述的道理，是宏观的指导思想，也就是原则。原则是不能变的，既不能变，就是绝对的！能否做到，则是个人的修为。既是个人修为，自然深浅不一，就不是绝对的。

图 8-574

图 8-575

图 8-576

图 8-577

第五十七节　搂膝拗步行功法

第一动　左转开步

姿势动作：如图 8-578 所示。

第二动　右掌展按

姿势动作：如图 8-579 所示。

图 8-578

图 8-579

练功要言：中国武术技击没有以弱胜强

所谓弱者，只是一本《孙子兵法》“兵者诡道也”的教训，故“示之以弱”引你上当而已。

如果一个女人打败了你，你不要以为是自己大意了，再试会更惨。

你一拳可以开石碎碑，他人的身体虽然没这么结实，却可以让你打不上去；而他只需要捣烂豆腐的力量，就足以让你失去战斗力，人身上的主管部门往往就同豆腐一样经不起轻巧的打击。

一个拿不起三十斤东西的老汉，在拿东西这个方面不如你，但他能打断你的胳膊，因为打断你的胳膊，不需要拿起三十斤东西。

胜人的就是工夫形成的功夫！

后发制人的本质还是“先发制人”。临敌而能后发制人者，必然是事先即与对方动手前，已做了大量的准备工作，所谓有备而无患。不同者，在形在体是彼先发，而我随之；在意在神是我先生！

第五十八节　海底针行功法

第一动　左手上引

姿势动作：如图 8–580 所示。

图 8–580

第二动　右掌下指

姿势动作：如图 8–581 所示。

图 8–581

练功要言：

古话说，无规矩不成方圆。规矩做条件（基础原则）讲，方圆做成就说，所以成就即是做到了规矩。因此，学拳的人想获得拳的功夫，自然得守拳的规矩。能守规矩，即是功夫！

《论语》中说，孔子七十岁了，一切行为都是随他自己一心所欲而做的，却没有丝毫的不合规矩（原文：夫子七十而从心所欲不逾矩）。不逾矩即是守规矩，虽然随心所欲，却尽在规矩之中，返璞归真而契合于自然规律，此圣人所以为圣也。

故曰：规矩就是功夫！注：规矩是祖宗的成法。功夫皆是厚积而薄发。

所谓破者，当于法无碍。破者，如古人作文之“破题”，破其序而存其规，实是通达权变之义。若真破了法，则被破者，绝非正法！

孔子虽然“随心所欲”，却还是有个“不逾矩”在。

规，就是圆规，画圆用的；矩，就是尺子，画线用的。有了工具，画什么图纸都好使。

第五十九节　扇通背行功法

第一动　双手虚合

姿势动作，左脚伸出，如图 8–582 所示。

第二动　双手展按

姿势动作：如图 8–583 所示。

图 8–582

图 8–583

练功要言：说秘诀

技艺未成时，则为练功，正确的练功要求（包括歌诀、口诀、准则等各种法理）被两种人称为秘诀。一是得不到正确功法的学者，二是故弄玄虚的老师。

技艺小成时，自身的好感，正确的（即合乎前贤所授之法理）体会，朋友对手的赞美、恶贬即是自身进阶的依据。对于境界低于己者，这些经验就是秘诀。

技艺相对大成时，于行住坐卧处，举手投足，皆足以给人师法，此时偶与人言语，闻之者虽不能辨真假，也会到处宣扬自己得到了秘诀！

就是说学拳的人，首先要知己——认识自己，尤其是要正确认识！只有正确认识了自己，才有可能做好定位工作。其实说土气点，个人得知道自己能吃几碗饭，只能吃半碗就别干一碗的事。

学什么都要有目的，既要有宏观的远景，更需有微观的具体，宏观是指导思想，微观是切实行动。学习太极拳，如身体不好的，则当前最重要的是健身，目标明确了，练拳时就会以身体感觉为主，不舒适的、费力劳神损记忆的统统不干，怎么舒适怎么做，太极操、太极舞，随人说去，即使被说成不是太极也无所谓，重要的是你本人的身体每天得有精神和体力的回复（增长）才行。反之你就是如此每天比划上二三十分钟，日久天长，健身有余，若是想让别人说你这是拳，你得自忖能否得到规范动作心意的传授？就是得到了，还是一天只付出这么点时间是无效的，得加时——这就是定位的问题。想得到就得自忖能否有相应的付出？每个阶段随时都存在这个问题。

总的来说，不从明师就得不到真传，得到真传不下功夫，也不会有得，得到一点不能保、养，还会失去！

第六十节　翻身撇身捶行功法

第一动　右腿横开

姿势动作：如图 8-584 所示。

第二动　右肘沉採

姿势动作：如图 8-585 所示。

图 8-584

图 8-585

练功要言：

情人之称在今时几与第三者同。情人有节，是否笑谈？案：若是对真正情人（即正当未婚男女）而言，则何日不是节日？若是地下工作者，合情而不合理，岂敢要求高尚待遇？故树人氏曰：人之别于万物者，含情也。无情不得算人，故人个个有情。然今之人独于一人之外，别恋一人，美其名曰“情人”，又于一年中取一春暖花开时为节，专为此等违法不合理却又别有情怀者，铺设天地；不知此节之设也，正是“几家欢乐几家愁”，有情者抛家会情人，导致怨声载道；或于今日不能相会，而又肝肠寸断；此节之设也，又会使无情人者涉足，节仅一日而天南地北牵扯无数……人心不古，斯为一斑……

我亦有情人，情生太极中。情人学太极，太极炼有情。情人天天抱，日久动真情。若为情人喜，阴去都是阳；若为情人弃，麻乱糟一生。有情与无情，一唤皆相应。不怕无情人，只恐心不真。真情蕴生意，自然有情人！适逢情人会，各各勤努力。待等七月七，人人有情人。

虽有情人，却不理人。还得下功，探究情人。

怀抱太极天天亲，自有一天成情人。此情赛过天仙女，何愁前路不得一？

第六十一节　上步搬拦捶行功法

第一动　上步搬式

姿势动作：身体左转，左腿上步，如图 8-586 所示。

第二动　转身拦手

姿势动作：身体重心向后移右，如图 8–587 所示。

第三动　落脚进身

姿势动作：左脚平落，如图 8–588 所示。

第四动　进步冲拳

姿势动作：身体重心向前移至左腿，如图 8–589 所示。

图 8–586

图 8–587

图 8–588

图 8–589

练功要言：

阴松行功时，脚去找手的感觉是从脚下渐次放松上去的，可感到身体内部有一股吸力，把松后的感觉自然地引上去，是在身体丝毫不动的情况下完成的。如果身上整体放松的程度高，特别是内吸腹股沟效果会更好。但要明白运行道路的主干是腿，也是从脚下节节贯串上去的，内功就是这种感受吧。

理论上周身内外松得越透则内功愈深，内力愈强，所谓极柔软后能极坚刚，所有的工作都是为了达到这个目的而服务的。地球对人有吸引力，人体通过正确的行功，能够效法天地使身心如一，自然也会在一定程度上产生这种吸引力，从这个角度上说，天地是自然的大体现，人体是自然的小体现；体现虽异，自然的道理应该是一样的。依这个理再联想，所有诸如“接点不接面”“心脑不接”“松肩溜臀”等都不是究竟！真能松空，谈何容易！

第六十二节　上步揽雀尾行功法

第一动　左转上步

姿势动作：上右脚，如图 8-590 所示。

第二动　进身右掤

姿势动作：重心前移至右腿，如图 8-591 所示。

第三动　右手回捋

姿势动作：重心后移至左腿，如图 8-592 所示。

第四动　进身掤展

姿势动作：重心前移至右腿，如图 8-593 所示。

图 8-590

图 8-591

图 8-592

图 8-593

第五动 右手上掤

姿势动作：重心后移至左腿，如图 8–594 所示。

第六动 右手松落

姿势动作：重心不变，如图 8–595 所示。

第七动 右手前按

姿势动作：重心不变，如图 8–596 所示。

第八动 右手展按

姿势动作：重心前移至右腿，如图 8–597 所示。

图 8–594

图 8–595

图 8–596

图 8–597

练功要言：练拳时不要想自己是来练“拳”的

练拳时不要想自己是来练拳的。这个“拳”指的是组成拳术套路的动作，就是说不要为做动作而做动作，而要为进入拳境而施展手脚，手脚所有运动皆当符合拳术法理的要求。如人要吃饭，自是拿饭碗盛饭，才是适宜，当然拿酒杯也可以，但会得不偿失。

要让自己的每一举动都符合拳术法理的要求，而不要依自己的思想练功。如练劈拳，不要有拿手劈物的意思，只要自忖自身这把斧头是否圆满？真正圆满了，和身而上，满世界就是这个斧头，何处不可劈？诀云：

不思而得，自无行迹；清心寡欲，万事不执；不执一处，何必受力？无对待时，内外空虚。虚则灵生，动静如一。但求无我，自然安逸。

第六十三节　单鞭行功法

第一动　右手变勾

姿势动作：如图 8–598 所示。

第二动　左脚后撤

姿势动作：如图 8–599 所示。

第三动　重心左移

姿势动作：如图 8–600 所示。

图 8–598

图 8–599

图 8–600

第四动　双臂开展

姿势动作：如图 8–601 所示。

练功要言：

古人造拳，多设置重复动作，是什么意思呢？从形体动作上讲则便于转

图 8-601

换，从神意流行上讲求内意运行圆满无间。太极拳行功目的在于打通周身经脉，动作重复即是为达到目的所必需的。先贤造拳往往穷其毕生心血，揣摩体识某一动便于舒通某处，需重复几次始能圆满，但今之学者多无行识，往往删繁就简，去精留浊，尤言精华在此，殊堪好笑！试问，今之学者哪一位可比历代先师，先师们竟不如你聪明乎？此说虽玄妙（指形通经脉），其理极简单！唯在察与不察，识与不识耳。

第六十四节　云手行功法

第一式　左右云手式

第一动　左手上引

姿势动作：重心横移至右腿，如图 8-602 所示。

第二动　左手平展

姿势动作：如图 8-603 所示。

第三动　左手开展

姿势动作：重心横移至左腿，如图 8-604 所示。

图 8-602

图 8-603

图 8-604

第四动　右手上引

姿势动作：如图 8-605 所示。

第五动　右手开展

姿势动作：重心移至右腿，如图 8-606、图 8-607 所示。

第六动　左手上引

姿势动作：如图 8-608 所示。

图 8-605

图 8-606

图 8-607

图 8-608

第二式 左右云手

第一动 左手开展

姿势动作：如图 8-609 所示。

第二动 右手上引

姿势动作：如图 8-610 所示。

第三动 右手开展

姿势动作：如图 8-611、图 8-612 所示。

图 8-609

图 8-610

图 8-611

图 8-612

第四动 左手上引

姿势动作：如图 8-613 所示。

第五动 变勾撤步

姿势动作：如图 8-614 所示。

第六动 双手开展

姿势动作：如图 8-615、图 8-616 所示。

图 8-613

图 8-614

图 8-615

图 8-616

练功要言：

避风如避箭，避色如避乱，加减逐时衣，少餐申后饭。

第一句大意是，练功不可以当风（贼风），阴风如箭，所以避之；第二句指行功有期，此间不可近女色，若近之，其恶果如逢战乱，难测生死；第三句说衣服加减当随节气时令；末一句诫言一日中申时后不可再用餐。申时即下午 3 至 5 点。

古人谓风为周旋不舍之物。但是何处何地何时没有？和风暖人，微风依人，香风醉人，除了台风不是天天见，其他风则无处不有，若要避之，还如何练功？所避者，贼风也。何为贼风？门窗孔缝过道暗沟……所谓“阴风动鬼火，炉灶毁无明”是也。

第六十五节　高探马行功法

手出而足回，意在调和上下，与倒撵猴有同工之妙，当在腰胯上用功以求得松空而不滞，手足才易于相合。

第一动　左手前引

姿势动作：身体左转，重心移于右腿，左脚成左虚步；左掌翻转使掌心向上，置于左侧腹前（西）；右手变掌，屈肘合于右肩前，掌心向下；目视左侧前方平远处（图 8–617）。

第二动　右掌前探

姿势动作：右手指尖向前引领，使右臂向左侧前舒展伸直，左手相应松落于腹前；同时身体直立，左脚再收至右脚内侧，脚尖点地，成左虚步；目视右手前（正西）（图 8–618）。

图 8–617

图 8–618

行功释义：本动与前高探马不一样，前二式重心在前，此式在后。

练功要言：

“打人如亲嘴”，是武术技击中的一种思想，也是极为形象的说法。与人相亲，必示以善颜，则人无从防备，既陷人于温柔乡中，方可依“手到身要涌”的要求，“身拥势挤”进击之以见功。

涌者，一则如海涨潮，波浪层叠相继，取其连绵不断；一则虽无大象，却是不可抗拒，取其坚定沉稳。

第六十六节　扑面掌行功法

名虽扑面，实需进身。身体切记不可自上压下，手要轻，神要清，身要正，意气要平。

第一动　下坐回捋

姿势动作：右腿屈膝，降低重心，左脚伸出脚跟着地，脚尖上翘，成右坐步；右手向下翻转捋至左肘下，掌心向上；目视前方（西）平远处（图 8–619）。

第二动　左掌前按

姿势动作：左脚掌平松落地，身体重心逐渐移至左腿，右腿舒直，成左弓步；同时左手自右臂弯内向上穿至鼻前时，翻手前按；右手在左肘下也同步翻转使掌心向下；目视左手前平远处（图 8–620、图 8–621）。

图 8–619

图 8–620

图 8–621

神意运使：左掌前按时，顶意领引，身体自然调直树正，背有后撑意，肩、肘松下裹住，可体会“气遍周身不少滞”。

行功释义：南方练法从单鞭势直接变左弓左步按掌，无高探马势名。

练功要言：说松肩之法

松肩法有三。一是肩不动，把肩头部位的意思放至地下乃至极深处。二是用意或心想肩头部位里面骨头如冰雪遇热而融，却不必理会肌肤部分，而肌肉皮肤自然会生出沉坠感，外形仍是无须动。三是不理会肩头部位，随其紧张也罢，轻松也好，只当没有这个东西。如（抱七星）前手前展，心中只可把五指的意思放在眼前远处（或任一虚无之地），而手掌五指后的掌部、前臂、上臂与肩乃至整个身体之余部在心里统统不存在了，意识中我整个人就是这五根手指，则不唯肩，周身上下内外均可获轻松之感，此不执之效也！

太极功夫乃自然虚无之道，非达天人相合处而不能真正体会。不弃绝名利之心不能深入其境，非断人我之执不能悟空见性而知其道。

拳须精细揣摩，方保一动一静皆不失法度，则时刻都在受用中。功夫且不须追求，如法合理，自然自在，若不合理如法，即神仙下凡，成就也难。

第六十七节　十字摆莲行功法

第一动　转身摆掌

姿势动作：左脚尖内扣，左掌不动、随身体整体右转至右侧（正东），同时提起右脚跟，成右虚步；视线自左渐移至身前平远处（图 8-622、图8-623）。

第二动　提起右脚

姿势动作：右脚向左前方（东北）提起；左手同时向右前方（东南）舒展，掌心向下；目视正前方平远处（图 8-624）。

图 8-622

图 8-623

图 8-624

第三动　右脚右摆

姿势动作：右脚自左向右上方摆动，当脚尖与鼻子直线对应时，即为完成。左掌左摆以指尖与右脚尖在身前正线交擦而过；视线向前平远处（图 8–625）。

行功释义：起腿拍脚以意行为到，不必用力以手掌击打脚面；腿起后以能控制个人行为、保持匀速为见功，不得加速拍打脚面。

第四动　右脚下落

姿势动作：当左手右脚交会后，右腿即屈膝松落，向身前（东）伸展以脚跟着地，重心在左成左坐步；同时左手提收至左耳外侧，右手按于右膝上方；目视身前平远处（图 8–626、图 8–627）。

神意运使：左手意当平远运行，右腿意则立圆动作。顶劲不可松。

图 8-625

图 8-626

图 8-627

第六十八节　搂膝指裆捶行功法

第一动　左掌前按

姿势动作：身体重心右移，右膝相应屈弓逐渐形成右弓步；同时左掌随进身至面前按出，掌心向外，指尖向上；右手自然松落于右胯外，掌心向下，手指斜向下；目视左手前平远处（图 8-628）。

第二动　左手下按

姿势动作：左手向右脚前正线上下按（正东）至下隅角（右膝前）；同时右手变拳收于右胯侧；目视身前平远处（图 8-629）。

第三动　左脚上步

姿势动作：左脚提起向前以脚跟着地，脚尖上翘成右坐步；目视身前平远处（图 8-630）。

图 8-628

图 8-629

图 8-630

第四动　进步指裆

姿势动作：身体重心渐向前（左腿）移动，至右腿逐渐伸直，左腿相应弯曲，成左弓步；右拳随进身向左脚正线前上方伸展，如冲击状，拳面向前，左手向左搂膝至左胯外侧，掌心向下；目视右拳前方（图 8-631）。

练功要言：

拳势每一动，必自身中心内极深处如种子萌芽，意随肢体之舒展而向外扩散渐至于无边无际处，此无极而太极、太极而无极之道也。

图 8-631

第六十九节　上步揽雀尾行功法

第一动　引手上步

姿势动作：竖腰立顶，右拳向前上引；右脚提起向前以脚跟着地，成左坐步；目视右拳中指前方平远处（图 8-632）。

第二动　右手前掤

姿势动作：身体重心逐渐前移成右弓步；同时右拳渐变为掌，随进身之势向右前上方掤出后翻转，使掌心向下；左手托扶右手腕脉门，掌心向上；目视右手上前方（图 8-633）。

图 8-632

图 8-633

第三动 右手回捋

姿势动作：如图 8-634 所示。

第四动 转身掤展

姿势动作：如图 8-635、图 8-636 所示。

第五动 右手上掤

姿势动作：如图 8-637 所示。

第六动 右手前按

姿势动作：如图 8-638—图 8-640 所示。

图 8-634

图 8-635

图 8-636

图 8-637

图 8-638

图 8-639

图 8-640

练功要言：练拳要略

肢体要尽量柔和，则动作自然协调（协调者，身心调适而能相应也）。

眼光要尽量远瞻，则神意自然清灵（清灵者，心神安稳而自在，亦名清气上升也）。

表情要尽量平静，则心气自然下降（降者浊气也，阳升阴降乃自然本事，而人失其常，多是阴阳俱升，故有诸疾，皆脾气不平和而上逆之过）。

心态要尽量端正，则本性自然显露（本性者，即六祖所言能生万法之自性也）。

第七十节　单鞭行功法

第一动　变勾后撤

姿势动作：如图 8-641 所示。

第二动　双臂开展

姿势动作：如图 8-642 所示。

图 8-641

图 8-642

练功要言：

练拳之要点，在于一动一静之时，悉心体会：此一动牵动我身心何处？何处与之相连？当求丝毫在心，务使明了。其动或静，可紧张而不可用力（紧张虽有力，与用力有别），要安舒而不乖张。则其效即显于当下，而非懵然无知。安舒则神得以养，乖张则能为之耗。紧张是去欲放下之过程所必经，用力则是对待贪着之从头。每一刻皆如小河流水，潺潺不绝，常而不失其本，如此行为始可渐明拳即权之义，自亦渐可把握动静举止矣。

第七十一节　下式行功法

第一动　转身合掌

姿势动作：如图 8–643、图 8–644 所示。

第二动　下势穿掌

姿势动作：如图 8–645、图 8–646（图 8–647 是仆步下势）所示。

图 8–643

图 8–644

图 8–645

图 8–646

图 8–647

练功要言：太极形与意

太极拳虽然要求是“用意不用力，在意不在形”，但真离开了形，也是难以成就的。形与意乃表与里，只可分主次，而不能为彼此。下面借用宋时青原惟政禅师的话来阐明其理。

初则见山是山，见水是水。

初学者形是形，意是意，无法兼顾，只好暂别以主次，以形为次，以意为主，如是则易入境地。

次则见山不是山，见水不是水。

进境入门，始知形中有意、意中有形，形与意皆是表面文章（现象），皆可为主，亦皆可为次，当不执、不住于形与意，亦不可离开形与意。

再进，见山依然是山，见水依然是水。

形与意自然相融，即觉知形非意无以显，意非形无以生；形仍是形，意已自在；意还是意，形已具体；此洞明本原、返璞归真也。

第七十二节　上步七星行功法

上步七星的意思可以参考抱七星的拳理。抱则是负阴而抱阳，其意在待机；此处则为得机后的整体乘势而进，然身虽涌进，尤须守中正之本，故重心在后。

第一动　重心前移

姿势动作：左脚尖左转向左（正西），身体重心逐渐前移成左弓步；右手随身至左肘下，掌心向左；目视身前平远处（图 8–648）。

第二动　上步叉手

姿势动作：右手顺左臂下向前上舒伸，至与左腕交叉合于胸前；同时右脚提起向前以脚跟着地，成左坐步；目视两手外平远处（图 8–649）。

行功释义：第一动与“金鸡独立”第一动近同，唯此动右掌心向左，进右步时，身、手同时到位。

图 8-648

图 8-649

练功要言：

敷盖对吞是太极拳体用的原则之一。

敷者，如包裹物，又能随物而动而不被物触也。若人者只触其汗毛耳。盖者，对物来之势头，仍以敷法施为也。敷者以其形，盖者对其意；敷者敷面，盖者盖气；敷以神意施法，盖以气势产生。对者，对其缺陷处，见凹填实之意。吞者，含化万有也。

简言之，敷其形，盖其意，对其气，吞其神。

第七十三节　退步跨虎行功法

第一动　退步分掌

姿势动作：双手松落，右脚提起向身后撤步，以脚尖先着地，右脚跟内合下落，使脚尖正对身前（正北）；两手分开，重心移于右腿；目视右手前方（图 8–650、图 8–651）。

第二动　虚步摆掌

姿势动作：右手走右侧外弧向上、向左摆动至面前，以右臂舒直为度，指尖向前（北），掌心向左（西）；左手向左侧身后变勾手置于左胯外后方；同时收上左脚，以脚尖点地，成左虚步；视线自正前方转向身体左侧平远处（图 8–652）。

图 8-650

图 8-651

图 8-652

练功要言：

被动的意思并不是把自己置于劣势至受到压迫才能运动的地位，而是指行动过程中局部与整体、动与原动力之间的相处关系。比如手对身体来说是局部与整体的关系，手的运动原动力是来源于身的，手自己是不会及不能动的，只能是在身体的变化中使手达到自己的运动目的，但手的运动目的在行功中又是为主的，正因为主是实的显现，宜被人注意，所以绝不能有“主动、乱动、妄动”的形体及意思的丝毫表达；对于手来说，要达到目的，还不能在运动中为主，这就要“被动”运行。同样的道理，身体如果想前进后退，自身也不能主动去做，而要由双脚的虚实转化去完成。这样的运动表现出来是自然的，无迹可寻，有迹也是只有行功者自己知道。

被动的真正目的在于求得与自然同一的阴阳变化，是要在长期的放松退力过程中逐渐身知体悟。能退力则能松，能松自然易做到被动，被动了自然也已可随曲就伸，随心所欲却又纯任自然，自与行云流水无异。

第七十四节　回身扑面掌行功法

第一动　转身平摆

姿势动作：身体右转向右侧（东），右手同步平臂直摆向右侧；目视右手指前方（图 8-653）。

图 8-653

第二动 上步按掌

姿势动作：左脚提起，随身体左转之势向右侧落脚上步，随即重心左移成左弓步；同时左手自右臂弯中穿出，随移动身体重心之势向前（东）展按，掌心向外，指尖向上；右掌自然松落置于左肋前，掌心向下；目视左手前平远处（图 8-654—图 8-657）。

图 8-654

图 8-655

图 8-656

图 8-657

练功要言：学拳练功练的是什么

学拳练功是通过合理如法的动静运动，逐步了解人体所有的组成部分——筋骨皮毛气血肌肤的一切情况，假设这些是一支部队，大脑就是指挥官。先招兵(学拳)，然后训练（练功），尽可能和他们搞好关系（培元），一旦有事，大家自然不约而同地蜂拥而至。也就是说，自己身上的一切自己都要清楚，如谁能做什么？一定要清楚，方能各尽其用。

练拳切不要恨拳！何为恨拳？于每一动势，不唯咬牙切齿，且是攒足全身力气，要将眼前之物、心中之敌，一举打碎，以证明自己功夫成就。殊不知功夫是和气所生、涵养所成，如此用功，是以狭隘之心背道而行，岂能有成？其结果无外乎使肌体僵滞，精神紧张，除了产生几斤阻碍气血运行之蛮力，也会在体内播种下隐患。所以用功切切不要恨拳！要顺依随从拳之性理，而不要想当然地以自己的个性习惯去用功。

第七十五节　转脚摆莲行功法

与第六十七节十字摆莲之 1~4 动同，唯此式是双手依次与右脚脚面相擦。

第一动　转身摆掌

姿势动作：左脚尖内扣，左掌不动、随身体整体右转至右侧（正西）；同时提起右脚跟，形成右虚步；视线自左渐移至身前平远处（图 8–658、图 8–659）。

第二动　摆莲式一（右腿提起）

姿势动作：右脚向左前方（西南）提起，双手向上、向右摆动至面部前方（西北），掌心向外；目视正前方平远处（图 8–660）。

图 8–658

图 8–659

图 8–660

第三动　摆莲式二（右脚右摆）

姿势动作：右脚自左向右上方摆动，当脚尖与鼻子直线对应时，即为完成；双掌依次右摆，以指尖与右脚尖在身前正线交擦而过；视线向前平远处（图 8-661、图 8-662）。

行功释义：右腿外摆，至身体中线时为最高点。起腿拍脚以意行为到，不必用力以手掌击打脚面；腿起后以能控制个人行为、保持匀速为见功，不得加速拍打脚面。

第四动　右脚下落

姿势动作：当左手右脚交会后，右腿即屈膝松落，向身前（西）伸展以脚跟着地，重心在左，成左坐步；同时双手落于腹前；目视身前平远处（西北）（图 8-663）。

图 8-661

图 8-662

图 8-663

神意运使：左手意当平远运行，右腿意则立圆动作。顶劲不可松懈，右手意扶左脚，以稳固重心。

练功要言：

人身气血原本相通于任督，何用打通？又如何打通？人所能者，皆是本能，只是被无明遮住，自己不知罢了。任督及其他脉络也是如此，彼若不通，焉能为人？通而人不知，是自己未向自身求证，所以不能切实感受到。

凡行功之法，都是要人来感受到气脉的流通并维护而不使其遭到阻碍，久而渐能把握，已得境矣。

第七十六节　弯弓射虎行功法

弯弓指其外面形势，射虎言其内里寓意。此法又名挽弓，欲得挽弓，周身必然圆满，此用功要诀。

第一动　落脚抱拳

姿势动作：右脚落平，重心前移，双手经左膝前到右膝前时渐握成拳。右拳在上，上提到右耳外侧，拳眼向下，拳心向右外；左拳在右胸前，拳眼向上；目视右脚身前平远处（西）（图 8-664）。

第二动　右挽弓式

姿势动作：重心移至右脚，成右弓步；双拳向右前方（西北）伸展，拳眼相对，上下约同肩宽，左肘下对右膝；目视前方平远处（西）（图 8-665）。

图 8-664

图 8-665

第三动　右摆掌式

姿势动作：双手变掌向右后方（东北）舒伸环摆，面、身同步（图 8-666）。左脚随转身之势提起，向左前方（西）伸展，以脚跟着地；双手向下捋至左膝前，然后双手变拳，左拳在上，拳眼向下，上提至左耳外侧，拳心向外；

右拳在左胸前，拳眼向上；目视身前平远处（图 8-667、图 8-668）。

图 8-666

图 8-667

图 8-668

第四动 左挽弓式

姿势动作：重心移至左脚，成左弓步；双拳向左前方隅位（西南）伸展，拳眼上下相对，两拳间距略同于肩宽，右肘下对左膝；目视左脚前方高远处（图 8-669、图 8-670）。

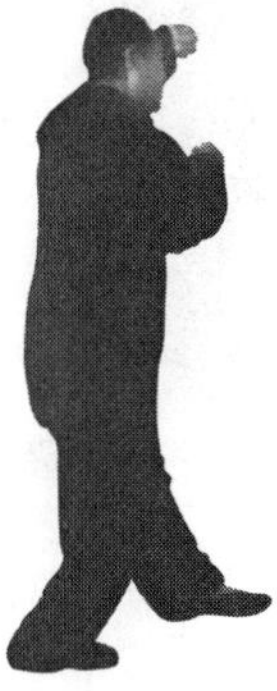

图 8-669

图 8-670

练功要言：退力为松，失形为懈

问：退力为松，形不变吗？由硬到柔，形变不变？

答：形大体是不变的，形若有变则属肢体运动，就不是心意活动——行功了。由硬到柔，是个练功、得到的过程，而我说的八个字，只是个人根据体会、根据感觉做出的对此事理的简明概括，不是功法介绍。

第七十七节　上步措捶行功法

措有举动、交合义，通“错”，含复杂义，兼具搓、挫意；捶则言势也。

第一动　右脚上步

姿势动作：身体重心不变；左拳翻转松落，与右拳在胸前交叉；右脚提起向前，以脚跟着地，成左坐步；目视前方平远处（图 8–671）。

第二动　右脚平落

姿势动作：如图 8–672 所示。

图 8–671

图 8–672

第三动　重心前移

姿势动作：身体重心逐渐前移至左腿伸直，成右弓步；右拳向前伸展，拳心向下；左拳扶于右肘内侧（图 8–673）。

第四动 右拳变掌

姿势动作：右弓步不变，右拳变掌向身前舒展（图 8-674）。

图 8-673

图 8-674

练功要言：何为太极

太极就是由无极状态中产生的一种能够孕育阴阳、化生万物、可动可静的意境。练太极拳就是通过合理如法的动静运动，逐步了解人体所有的组成部分——筋骨、皮、毛、气血、肌肤的一切情况。假设这些是一支部队，大脑就是指挥官，先招兵（学拳），然后训练（练功），尽可能和他们搞好关系（培元），一旦有事，大家自然不约而同地蜂拥而至。也就是说，自己身上的一切自己都要清楚，如谁能做什么？一定要清楚，方能各尽其用。

第七十八节 揽雀尾行功法

第一动 右掌右展

姿势动作：重心不变，身体微向右转（图 8-675）。

第二动 右掌回捋

姿势动作：重心不变，身体微向右转后下沉，双手随之逐渐松落至右侧腹前。随即重心后移，渐至左腿承担全身重量，右脚尖翘起，脚跟着地，成左坐步；右手掌心向下，手指指向身前右隅（西北）；左手中指托扶右手腕脉门；视线微转向右前远处（图 8–676）。

第三动　转身落脚

姿势动作：上体左转至左脚前正线上（西）；同时双手翻转，左手在上，掌心向下，中指轻扶右腕脉门同前；右手在下，掌心向上（图 8–677）。左坐步重心不变，再放松腰胯，使右脚掌平松落地；视线不变同前（图 8–678）。

图 8–675　图 8–676　图 8–677　图 8–678

第四动　重心右移

姿势动作：视线由西南远方渐转至正西前平远方；身体重心逐渐前移，左腿逐渐伸直至右脚负重成右弓步；同时双手依前姿势向前上方（西）舒伸；目视右手前高远处（图 8–679）。

第五动　右手上掤

姿势动作：身体继续右转 45°（西北）时松腰，左膝相应弯曲（图 8–680）。

第六动　体重后移

姿势动作：重心逐渐后移至左腿完全负重，右脚跟着地，脚尖翘起，成左坐步式；同时右手随后移之势追逐视线，自前转向侧面（正北）；左手仍扶右腕不变；目视右手上方平远处（图 8–681）。

图 8–679

图 8–680

图 8–681

第七动　右手前按

姿势动作：松肩垂肘，使右手屈肘松落，手指向上竖立于右肩前；左手仍扶右腕；同时身体左转，面向右手；目视右手前平远处（图8–682）。

右脚尖转至身前右侧隅位（西南），整体向左转动，至身手同在左脚前正线上（正南）；右手小指侧向前；左手扶右腕；目视右手前方（图 8–683）。

第八动　右手展按

身体整体右转至右侧（西），重心渐移至右脚；右手前按，以小指侧向前（西）转按，食指与鼻同高；目视右手外平远处（图 8–684）。

图 8–682

图 8–683

图 8–684

练功要言：

“一羽不能加”，可指不受力程度的描述，也可是追求的目标，其实就是在运动过程中时刻注意不加力，尽可能地做到不加丝毫力，则身心调和，如融入虚空。真能入境，自可体会成语“融融之乐”!

第七十九节　单鞭行功法

第一动　变勾后撤

姿势动作：如图 8–685 所示。

第二动　双臂开展

姿势动作：如图 8–686、图 8–687 所示。

图 8–685

图 8–686

图 8–687

练功要言：

凡拳学经典，一则指示窍要，二则明确目标，三则细述法理，四则实地能行。其论周际圆融，其理广大完备，太上无为无不为之旨略无少遗。学者果能潜入其内，不以表面之义为指归，究本探源，则拳道真义自然浮出。各人各自会其意，则知一字一句放之四海而不易！信哉。

第八十节　白蛇吐信行功法

白者喻其平，蛇者取其首尾相顾；吐信则约其气势。举凡拳术，皆不外以捶言势，以掌喻气也。

第一动　身体左转

姿势动作：体重移于右腿，左脚收回半步，成左虚步，同时身体左转至面向左侧（东）；左掌翻转，使掌心向上置于左侧身前；右手掌心向下合于左臂弯内侧（图 8-688）。

第二动　左掌伸展

姿势动作：身体重心逐渐移至左腿，成左弓步；右手向左侧前方（正东）伸展；目视右手前方平远处（图 8-689、图 8-690）。

图 8-688

图 8-689

图 8-690

练功要言：抱圆守一

抱圆者，圆是虚有，因为它是意想而成的圆。虽然无形，却要真抱。无形是虚，真抱是有。

守一者，一是实无，一是自身中心所在。虽然有形，却要空虚。有形是实，空虚是无。

第八十一节　揽雀尾行功法

第一式　进步上掤

第一动　右脚上步

姿势动作：身手不动，虚领腰胯，使右脚向前以脚跟着地（图 8–691）。

第二动　右脚松落

姿势动作：右脚平松落地（图 8–692）。

第三动　进身掤展

姿势动作：重心右移（图 8–693）。

图 8–691

图 8–692

图 8–693

第四动　上体右转

姿势动作：重心不变，上体微右转（图 8–694）。

第五动　右掌回捋

姿势动作：腰胯松落，体重后移至左腿（图 8–695、图 8–696）。

第六动　身体转正

姿势动作：重心不变，上体向左转，正对左脚正线（东）（图 8–697）。

图 8–694

图 8–695

图 8–696

图 8–697

第二式　转身按掌

第一动　右脚平落

姿势动作：右脚平松落地（图 8–698）。

第二动　进身掤展

姿势动作：重心右移，成右弓步，右手前展（图 8–699）。

第三动　上掤后移

姿势动作：身体右转上掤（图 8–700）。重心后移面向正南（图 8–701）。

图 8-698

图 8-699

图 8-700

图 8-701

第四动　右手垂落

姿势动作：右手垂肘松落、竖立面前，面向东南（图 8-702）。

第五动　右手前按

姿势动作：重心不变，身体左转，右手随之转动（图 8-703）。

第六动　转身展按

姿势动作：重心右移，身体右转至东北隅位，右掌随转身之势向身前（东北）展按；目视平远方（图 8-704）。

图 8-702

图 8-703

图 8-704

练功要言：随曲就伸

一义：若彼与我四手相搏，而以一手运劲向我身送，我以彼手推击之我手，不事抵抗，依其用力大小、快慢而随彼动而动，此名随曲；同时，我以另一手将彼来力尽数转移向彼另一手及身上，依势成推击之状，谓之就伸。此须敌推在前，我随势转力稍后。

第八十二节　单鞭行功法

第一动　变勾后撤

姿势动作：如图 8-705 所示。

第二动　双臂开展

姿势动作：如图 8-706、图 8-707 所示。

图 8-705

图 8-706

图 8-707

练功要言：粘连黏随，忽隐忽现

粘连为主动施为，宜在我居上风时；黏随须被动做法，宜在我居下势时。忽隐忽现者，忽隐是悄然消失于无形之中，忽现则是又突然现于当场。来

(现)无所从来，去(隐)亦无所去。

第八十三节　合太极

合者，同也。同于太极即无极也。无极是圆，太极亦是圆。无极是理，太极是体。无极同于虚无，太极其具体之气机流行也。

第一动　双臂平展

姿势动作：双腕舒展，使双手手指向两侧伸展平举；同时渐移身体重心至右腿；目视右手前方(东)(图 8-708)。

图 8-708

第二动　胸前合掌

姿势动作：双手屈肘向内，指法相对平合于胸前；同时收上左脚，与右脚对齐平落，与起势同；视线由右侧远方渐至身体正前方(北)(图 8-709、图 8-710)。

第三动　分掌下按

姿势动作：双手自胸前向下、向两侧以指尖引动放松垂落，至两边隅位

（西北、东北），体重渐至两脚分担，与起势第六动定势同；目视身前平远处（图 8–711）。

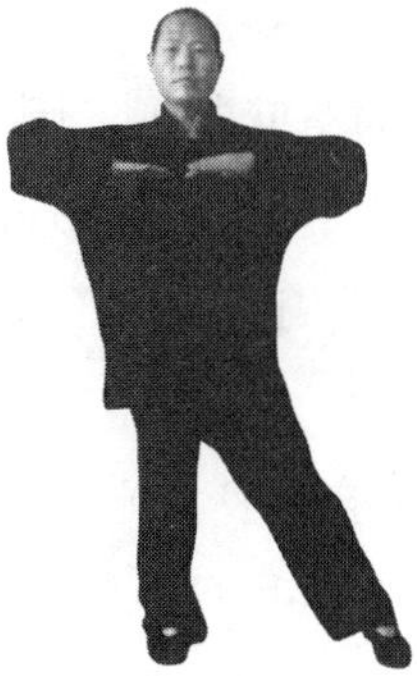
图 8–709

图 8–710

图 8–711

第四动　无极归原

姿势动作：双臂垂落至体侧，身体直起；目视身体前方平远处（图8–712、图 8–713）。

图 8–712

图 8–713

神意运使：神意于身前极远处逐渐归于寂静。

行功释义：行功到此，身体与思想不可骤然散去，只是默然静立，体会周身内外的同异之处与自己的身心所在。或得如恍如惚，不知身之为我，我之是身。又如观妙剧，至曲终人散，数峰青白，犹在心中，而于外界浑然不觉。所谓深入境中，彼此难分。能至此，功夫始谓入门矣！

练功要言：言语道断，心行处灭

言语道断是说正行某事，若一加入言语，则所行之事的路就断了。因为只有言语在，道无法存在（此语足为善纸上谈兵者戒！）言语，即便把道理阐述得再明白，也不是道，道是要人行的！所以太上早就教训：道可道，非恒道（《道德经》）。

心行处灭是指无心求道，只踏实行去，则心自寂灭而道自在！无心则寂，心自能行之始，即已不再于彼处思索（如我该如何如何用功、我身上何时才能见功等一些虚妄不实之思）。

近人常曰：我思故我在。思为心思，我若在，则道何在？

第九卷

古典拳论选编

太极拳论

此文传为武式太极拳始祖武禹襄详述周身用工心要之作也。

一举动周身俱要轻灵，尤须贯串。气宜鼓荡，神宜内敛。无使有凸凹处，无使有断续处。其根在脚，发于腿，主宰于腰，行于手指。由脚而腿而腰，总须完整一气。向前退后乃能得机得势。有不得机得势处，身便散乱，其病必于腰腿求之。上下、前后、左右皆然。凡此皆是意，不在外面。有上即有下，有前则有后，有左则有右。如意要向上，即寓下意。若将物掀起而加以挫之之力，斯其根自断，乃坏之速而无疑。虚实宜分清楚，一处有一处虚实，处处总此一虚实，周身节节贯串，毋令丝毫间断耳。长拳者，如长江大海，滔滔不绝也。十三势者，掤、捋、挤、按、採、挒、肘、靠，此八卦也；进步、退步、右顾、左盼、中定，此五行也。掤、捋、挤、按，即乾、坤、坎、离四正方也；採、挒、肘、靠，即巽、震、兑、艮，四斜角也；进、退、顾、盼、定，即金、木、水、火、土也。合而言之，曰十三势。

十三势歌

传为王宗岳先师所作。言太极拳之要，在体立身中正而能使气机上下贯通，气沉丹田而腹内松静、真气腾然，命意发动，自然益寿延年；在用则动静一如，肢体心意之屈伸开合听任自由，乃能因敌变化示以神奇。

十三总势莫轻视，命意源头在腰际。
变转虚实须留意，气遍身躯不少滞。
静中触动动犹静，因敌变化示神奇。
势势存心揆用意，得来不觉费功夫。
刻刻留意在腰间，腹内松静气腾然。
尾闾中正神贯顶，满身轻利顶头悬。
仔细留心向推求，屈伸开合听自由。

入门引路须口授，功夫无息法自修。
若言体用何为准，意气君来骨肉臣。
想推用意终何在，益寿延年不老春。
歌兮歌兮百四十，字字真切意无遗。
若不向此推求去，枉费功夫贻叹息。

十三势行功心解

这是武禹襄先师从体用两方面对十三势歌的细致诠释。

以心行气，务令沉着，乃能收敛入骨；以气运身，务令顺遂，乃能便利从心。精神能提得起，则无迟重之虞，所谓头顶悬也。意气须换得灵，乃有圆活之趣，所谓变转虚实也。发劲须沉着松静，专主一方。立身须中正安舒，支撑八面。行气如九曲珠，无微不至；运劲如百炼钢，无坚不摧。形如搏兔之鹄，神如捕鼠之猫。静如山岳，动如江河。蓄劲如开弓，发劲如放箭。曲中求直，蓄而后发。力由脊发，步随身换。收即是放，放即是收。断而复连。往复须有折叠，进退须有转换。极柔软后能极坚刚。能呼吸，然后能灵活。气以直养而无害，劲以曲蓄而有余。心为令，气为旗，腰为纛。先求开展，后求紧凑，乃可臻于缜密矣。

又曰："彼不动，已不动。彼微动，已先动。"劲似松非松，将展未展，劲断意不断。又曰："先在心，后在身。腹松气敛入骨。"神舒体静，刻刻在心。切记一动无有不动，一静无有不静。牵动往来气贴背，敛入脊骨。内固精神，外示安逸。迈步如猫行，运劲如抽丝。全身意在精神，不在气。在气则滞。有气者无力，无气者纯刚。气若车轮，腰如车轴。

五字诀

《五字诀》为武式太极拳第二代宗师李亦畬所作。先从心、身、气、劲方面细讲体用法理以明行功，再以神括所有以合自然法道，明确指出太极拳道之简朴，真能依法合理，则一年半载，便能施于人身！

一曰心静。心不静则不专，一举手前后左右全无定向，故要心静。起初举动，未能由己，要悉心体认，随人所动，随曲就伸，不丢不顶，勿自伸缩。彼有力，我亦有力，我力在先。彼无力，我亦无力，我意仍在先。要刻刻留心，挨何处，心要用在何处，须向不丢不顶中讨消息。从此做去，一年半载，便能施于人身。此全是用意，不是用劲，久之，则人为我制，我不为人制矣。

二曰身灵。身滞则进退不能自如，故要身灵。举手不可有呆像。彼之力方挨我皮毛，我之意已入彼骨内。两手支撑，一气贯串，左重则左虚，而右已去；右重则右虚，而左已去。气如车轮，周身俱要相随，有不相随处，身便散乱，便不得力。其病于腰腿求之。先以心使身，从人不从己，后身能从心，由己仍是从人。务要从人！由己则滞，从人则活。能从人，手上便有分寸。称彼劲之大小，分厘不错；权来意之长短，毫发无差。前进后退，处处恰合，工弥久而技弥精矣。

三曰气敛。气势散漫，便无含蓄，易散乱。务使气敛入脊骨，吸呼通灵，周身无间。吸为合为蓄，呼为开为发。盖吸则自然提得起，亦拿得人起；呼则自然沉得下，亦放得人出。此是以意运气，非以力使气也。

四曰劲整。一身之劲，练成一家。分清虚实，发劲要有根源。劲起脚跟，主于间腰，发于脊背，形于手指。又要提起全副精神，于彼劲出发之际，我劲已接入彼劲，恰好不后不先。如皮燃火，如泉涌出。前进后退，丝毫不乱，曲中求直，蓄而后发，方能随手奏效。此谓借力打人，牵动四两拨千斤也。

五曰神聚。上四者俱备，总归神聚。神聚则一气鼓铸。炼气归神，气势腾挪，精神贯注，开合有致，虚实清楚。左虚则右实，右虚则左实。虚非全然无力，气势要有腾挪。实非全然占煞，精神贵贯注。紧要全在胸中、腰间运化，不在外面。力从人借，气由脊发。胡能气由脊发，气向下沉，由两肩收于脊骨，注于腰间，此指此气之由上而下也，谓之开。合便是收，开即是放。懂得开合，便知阴阳，到此地位，功用一日，技精一筹，渐至从心所欲，罔不如意矣。

走架打手行功要言

这是李亦畬先师所传打拳练功“节节贯穿、步步增益”之法也。

昔人云，能引进落空，能四两拨千斤；不能引进落空，不能四两拨千斤。语甚概括。初学未能领悟，予加数语以解之。俾有志斯技者，得所从入，庶日进有功矣。

欲要知己知彼，先要舍己从人。欲要舍己从人，先要得机得势。欲要得机得势，先要周身一家。欲要周身一家，先要周身无缺陷。欲要周身无缺陷，先要神气鼓荡。欲要神气鼓荡，先要提起精神，神不外散。欲要神不外散，先要神气收敛入骨。欲要神气收敛入骨，先要两股前节有力、两肩松开、气向下沉。劲起于脚跟，变换在腿，含蓄在胸，运动在两肩，主宰在腰，上于两膊相系，下于两腿相随。劲由内换，收便是合，放便是开。静则俱静，静是合，合中寓开。动则俱动，动是开，开中寓合，触之则旋转自如。无不得力，才能引进落空，四两拨千斤。平日走架，是知己功夫。一动势，先问自己周身合上数项否？稍有不合，即速改换！所以走架要慢不要快。打手是知人功夫，动静固是知人，仍是问己。自己安排得好，人一挨我，我不动彼丝毫，趁势而入，接定彼劲，彼自跌出。如自己有不得力处，便是双重未化，要于阴阳开合中求之。所谓知己知彼，百战百胜也。

太极轻重浮沉解

此文传为杨露禅先师所作。通过比较轻重浮沉以及会出现的十二种情况，辩证施为，指出关键在于引气下沉而不浮；虚灵顶劲使身轻灵，身法中正不无偏倚，而得八面支撑自然转换之功。从而把这些矛盾转化为能量而尽其用。

双重为病，干于填实，与沉不同也。双沉不为病，自尔腾虚，与重不同也。双浮为病，只如飘渺，与轻不例也。双轻不为病，天然轻灵，与浮不等也。半轻半重不为病，偏轻偏重为病。半者，半有着落也，所以不为病；偏者，偏无着落也，所以为病。偏无着落，不失方圆。半有着落，岂出方圆。半浮半沉为病，失于不及也。偏浮偏沉，失于太过也。半重偏重，滞而不正也。半轻偏轻，灵而不圆也。半沉偏沉，虚而不正也。半浮偏浮，茫而不圆也。夫双轻不近于浮，则为轻灵。双沉不近于重，则为离虚。故曰上手轻重，半有着落，则为平手。除此三者之外，皆为病手。盖内之虚灵不昧，能致和气之清明，流行乎肢体也。若不穷研轻重浮沉之手，徒劳掘井不及之叹耳。然有方圆四正之手，表里粗精无不到，已极大成，又何云四隅出方圆矣。所谓方而圆、圆而方、超乎象外、得其环中之上手也。

太极行功说

《太极行功说》《敛神聚气论》两文出自张三丰祖师《太极道诀》。

行功之先，犹应治脏，使内脏清虚，不着渣滓，则神敛气聚，其息自调。太极行功，功在调和阴阳，交合神情，打坐即为第一步入手工夫。进而吐纳，使阴阳交感，浑然成为太极之象，然后再行运到处工夫。

冥心兀坐，息思虑、绝情欲、保守真元，此心功也；盘膝曲股，足跟紧抵命门以固精气，此身功也；两手紧掩耳门，叠指背弹耳根骨，以祛风池邪气，此首功也；两手擦面待其热，更用唾沫偏摩之，以治外侵，此面功也；两手按耳轮，一上一下摩擦之，以清其火，此耳功也；紧合其睫，睛珠内转，左右互行，以明神室，此目功也；大张其口，以舌搅口，以手鸣天鼓，以治其热，此口功也；舌抵上腭，津液自生，鼓漱咽之，以润其内，此舌功也；叩齿三十六，闭紧齿关，可集元神，此齿功也；两手大指擦热揩鼻，左右三十六，以镇其中，此鼻功也。

既得此行功奥窍，还须正心诚意，冥心绝欲，重新做去，始能逐步升登、证悟大道。长生不老之基，即胎于此。若才得太极拳法，不知行功之奥妙，弃置不顾，此无异炼丹不采药，采药不炼丹，莫道不克不及登长生大道，即外面工夫，亦决不克不及成就。必须功拳并练，盖功属柔而拳属刚，拳属动而功属静，刚柔互济，动静相因，始成为太极之象。相辅而行，方足致用。此练太极拳者所以必先知行功之妙用，行功者所以必先明太极之妙道也。

敛神聚气论

太极之先，本为无极鸿濛一气，混浊不分，故无极为太极之母，即万物先天之机也。

二气分，天地判，始成太极。二气为阴阳，阴静阳动，阴息阳生。天地分清浊；清浮浊沉，清高浊卑。阴阳相交，清浊相媾，氤氲化生，始育万物。人之生世，本有一无极，先天之机是也。迨入后天，即成太极。故万物莫不有无极，亦莫不有太极也。

人之作用，有动必静，静极必动，动静相因，而阴阳分，浑然一太极也。人之生机，全恃神气。气清上浮，无异上天。神凝内敛，无异下地。神气相交，亦宛然一太极也。故传我太极拳法，即须先明太极妙道。若不明此，非吾徒也!

太极拳者，其静如动，其动如静，动静循环，相连不断，则二气既交，而太极之象成。内敛其神，外聚其气。拳未到而意先到，拳不到而意亦到。意者，神之使也。神气既媾，而太极之位定。其象既成，其位既定，氤氲化生，而演为七二之数。

太极拳总势十有三，掤、捋、挤、按、採、挒、肘、靠，进步、退步、右顾、左盼、中定，按八卦五行之生克也。其虚灵、含拔、松腰、定虚实、沉坠、用意不用力、上下相随，内外相合、相连不断、动中求静，此太极拳之十要，学者之不二法门也。

学太极拳为入道之基，入道以养心定性，聚气敛神为主。故习此拳，亦须如此。若心不能安，性即扰之。气不外聚，神必乱之。心性不相接，神气不相交，则全身之四体百脉，莫不尽死。虽依势作用，法无效也。欲求安心定性，敛神聚气，则打坐之举不可缺，而行功功法不可废矣。

学者须于动静之中寻太极之益，于八卦五行之中求生克之理。然后，混七二之数，浑然成无极，心性神气，相随作用，则心安性定，神敛气聚，一身中之太极成，阴阳交，动静合，全身之四体百脉，周流通畅，不黏不滞。斯可以传吾法矣。

八法秘诀

《八法秘诀》素为杨、吴门中秘传。揭示八法内意及体用要义，可谓字字珠玑。

掤劲意何解？如水负行舟，先实丹田气，次要顶头悬。
全身弹簧力，开合一定间，任有千斤重，漂浮亦不难。
捋劲意何解？引导使之前，顺其来势力，轻灵不丢顶。
力尽自然空，丢击任自然，重心自维持，莫为他人乘。
挤劲意何解？用时有两方，直接单纯意，迎合一动中。
间接反应力，如球撞壁还，又如钱投鼓，跃然声铿锵。
按劲意何解？运用如水行，柔中寓刚强，急流势难当。
遇高则膨满，逢洼向下潜，波浪有起伏，有孔无不入。
採劲意何解？如权之引衡，任尔力巨细，权后知轻重。
转移只四两，千斤亦可平，若问理何在，杠杆之作用。
挒劲意何解？旋转若飞轮，投物于其上，脱然掷丈寻。
君不见漩涡，卷浪若螺纹，落叶堕其上，倏而便沉沦。
肘劲意何解？方法有五行，阴阳分上下，虚实须辨清。
连环势莫当，开花捶更凶，六劲融通后，运用始无穷。
靠劲意何解？其法分肩背，斜飞势用肩，肩中还有背。
一旦得机势，轰然如捣碓，仔细维重心，失中徒无功。

太极图说

北宋周敦颐传世之太极图说，发羲易之奥，明生化之本，太极拳经奥义虽根于黄老，而法理实本于此。

无极而太极。太极动而生阳，动极而静；静而生阴，静极复动。一动一静互为其根。分阴分阳，两仪立焉。阳变阴合，而生水火木金土。五气顺布，四时行焉。五行，一阴阳也;阴阳，一太极也;太极，本无极也。五行之生也，各一其性。无极之真，二五之精，妙合而凝。乾道成男，坤道成女。二气交感，化生万物。万物生生而变化无穷焉。惟人也得其秀而最灵。形既生矣，神发知矣，五性感动而善恶分、万事出矣！圣人定之以中正仁义而主静，立人极焉。故圣人与天地合其德、日月合其明、四时合其序、鬼神合其吉凶。君子修之吉，小人悖之凶。故曰：立天之道曰阴与阳，立地之道曰柔与刚，立人之道曰仁与义！又曰：原始反终，故知生死之说。大哉易也，斯其至也！

心印妙经

此为道家性命双修内景诀要，是太极拳内修升阶宝典。

上药三品，神与炁精。恍恍惚惚，杳杳冥冥。存无守有，顷刻而成。回风混合，百日功灵。默朝上帝，一纪飞升。知者易悟，昧者难行。履践天光，呼吸育清；出玄入牝，若亡若存；绵绵不绝，固蒂深根。人各有精，精合其神，神合其炁，炁合体真。不得其真，皆是强名。神能入石，神能飞形；入水不溺，入火不焚。神依形生，精依炁盈；不凋不残，松柏青青。三品一理，妙不可听。其聚则有，其散则零；七窍相通，窍窍光明。圣日圣月，照耀金庭。一得永得，自然身轻。太和充溢，骨散寒琼；得丹则灵，不得则倾。丹在身中，非白非青。诵持万遍，妙理自明。

心　经

此唐三藏法师玄奘大师所译佛教大乘典籍！二百六十字含容万法，去执绝相；不二法门，普通真理！一切之旨归处也。

观自在菩萨，行深般若波罗蜜多时，照见五蕴皆空，度一切苦厄。舍利子，色不异空，空不异色，色即是空，空即是色，受想行识亦复如是。舍利子，是诸法空相，不生不灭，不垢不净，不增不减。是故空中无色，无受想行识，无眼耳鼻舌身意，无色声香味触法，无眼界乃至无意识界。无无明亦无无明尽，乃至无老死、亦无老死尽。无苦集灭道，无智亦无得。以无所得故，菩提萨埵，依般若波罗蜜多故，心无挂碍，无挂碍故无有恐怖，远离颠倒梦想，究竟涅槃。三世诸佛，依般若波罗蜜多故，得阿耨多罗三藐三菩提。故知般若波罗蜜多，是大神咒！是大明咒！是无上咒！是无等等咒！能除一切苦，真实不虚。故说般若波罗蜜多咒，即说咒曰：揭谛揭谛，波罗揭谛，波罗僧揭谛，菩提萨婆诃。

附录　回忆李成恩先师

先师李成恩是河南南阳红泥湾乡尚和庄村人，生于清宣统二年，即1910年。先师自幼随父习练家传昆仑派八门武功，20世纪30年代又入南阳国术馆，拜在南阳一代武术宗师兰禹田门下深造，并先后随周伏波、袁惕升等名师学艺。在长期的学习中，先师能融各家内功外法于一身，精于多种拳械的体用，且深通养生之道，长年素食，从不暴饮暴餐，偶尔饮酒绝不会超过一两，每天早晚练功，从未中断。八十多岁时仍然身手矫健、反应敏捷，门下弟子在他晚年也没有一个能接他三招而不败的！

先师本在家乡务农，1981年受弟子周鹤宇等邀请来南阳市区内创办南阳武术馆，馆址设在市工人文化宫内，直到1985年秋返回原籍。

先师在工人文化宫教学期间，广泛传授了原来秘不传人的昆仑派八门内功，不独本门弟子受益，市区内其他老师门下弟子闻讯前来求学者不绝于道，有近百人之多。先师不辞劳苦，一一悉心点拨，提领纲要。

先师为人平和，不喜争强，因此和师兄弟们相处融洽。教拳之暇，市内的老师们，如朱云雁师伯、马天立师伯、徐绍德师伯、韦水旺师叔、丁长汉师叔、周国山师叔等都经常过来和先师相会，老师们在一起畅谈少年往事，我等后学在旁端茶倒水，却也学了不少江湖武林常识。

印象很深刻的是徐绍德师伯，他每次总是骑着自行车不期而至，白须飘飘，跟老神仙似的，骑车又非常快，谁也不会相信当时他已经八十多岁了。他和韦水旺师叔一样都是长得瘦小，应该不足一百斤，但他们的手劲惊人的大！记得第一次见面和我们这些后辈握手，我前面的师兄们个个被握得站不稳，我强忍住了那份深入骨髓的疼痛，表面装得若无其事，以至老师们都对我另眼看待：好孩子，不错！马师伯还要把他的独门内功五行功传给我。三十多年过去了，回想起来，就跟几天前似的，而且我们这一代也有好些师兄弟不在了，让人不得不感叹人生如梦啊！

1984 年，先师响应全国武术挖掘整理工作，将祖传功谱献给了国家。

除了内功，先师还在弟子中间分别传授了大把势拳第一趟、大字拳、梅花拳、五虎枪、二十一名枪、二十四名枪、挑袍大刀、太祖剑、梅花单刀、梅花双刀、查拳刀、弯刀、虎头双钩、凤头双钩、猿猴棒、猿猴对打、疯魔棍、八趟棍对打以及数十种拳械对练套路。

先师教授拳械，与其他老师不同，比如教剑不先教套路，而是先教对刺，而且是真剑，就是用普通的龙泉剑，敢、也会用剑了，才教套路。先师返乡后，务农之余，仍然在家教学生，1990 年前后还应社旗武术协会邀请去社旗创办社旗武术馆并负责先期教学工作。

先师一生学武传功，足迹遍及南阳周边各地，教人无数；承前启后，对南阳现代武术的发展有不可磨灭的功绩！

李师长子学臣（1945—2009），自幼随父习武，拳械皆精，七、八十年代常随父来南阳市区内，与众师弟切磋技艺。李师长孙金山，自幼跟随祖父学拳，现已年届不惑，务农之余，仍以演练祖传武功为功课，能承祖业；南阳市内弟子中则以刘相成为长（后又拜师从学于徐绍德师伯），周合玉、周乐军、杨中和李广次之，以下如曹树人、吴晨晓、陈显约有数十人；又有杨如山、勇定、王克明亦曾从学；江浙亦有十余名弟子，能继其学者有临海杨台跃、温州倪侠杰（时乃）。

1995 年先师在原籍无疾而终，享年 86 岁。

树人按：除注明日期外，李师个人拳照摄于 1990 年。

后 记

不知不觉间，学太极拳已经15年了！15年来，从当初的一无所知到今天的渐品得味，也已将近垂暮！虽然失去了青春的光阴，却得到了真理的灵知!

15年来，既曾无知地结怨、盲目地冲动、愚蠢地为利益驱使；也能愉悦地接受教训、明智地改过、明白地取舍。在旁人看来可能艰苦、枯燥的拳学修炼，我却从中感受到自然施舍的无限恩宠！

从对孔圣仁义的教化认知，到接受老子无为的清净大道，终而觉悟佛陀空性的真义，遨游在释迦牟尼智慧的海洋里——虽然仍是个愚痴者，虽然还没有得到大自在、大智慧，自觉还是很好的！

太极拳法，正是儒、道、释三种文化思潮在道之巅峰的统一！

在我这平凡的人生中，因为中华武学、因为太极、因为佛法觉悟，而使我安处平凡！古人安贫乐道之语，似乎为我而设，其实未得真道！

道虽未得，庶几近道矣！

癸巳夏月于北京　树人

跋　一

河图洛书，记数成典，代绳载事；轩辕羲皇，铺陈阴阳，替天司化，乃吾中华文明之始也。然大道者，先于天地而生，是故太极之理也，亦先于文明存焉！

自三代以降，太上临凡而道德始布。无上南华接续正统，指虚静而生无为之境；仲尼墨翟沾濡余辉，导和光而沐同尘之心。尔后人心不古始有东华传法，战乱迭起方来天师设教。奈何愚民无知、难生正见，致使千百年间唯正阳、纯阳、重阳祖祖秘付心印，希夷、火龙、紫阳师师单传法脉，道统之继续仅能不绝于一缕而已。

吾三丰祖师，祖述太上，师事火龙，先于两宋间显化四方，继于元明时蛰居武当。阐发幽微，广布玄机。融太极真意：形迹于肢体、留神于心田。在动静开合间得脱胎换骨之妙觉，是为性命双修；于阴阳变化中寻天清地浊之根源，故名道法自然。

自拳学肇造四海传流，六百年间派系林立，弃道修术各执一端。虽有王宗岳先师指师于前，复经武禹襄先师导引于后，无奈正学坦途，往往示人以无名。仍是崇技尊术者众，向道修心者寡。日久而世人莫辨真伪矣！

然拳学道法，实为一体，以拳体道原是不二法门，以道行拳向为人天所依；况命理性天为自然所在，以性养命可得后天之延续，以命炼性可体先天之灵机。祖师本意，莫非此乎？

南阳曹树人老师，自幼受明家熏染，遍参各派，杂学百家，终于杨禹廷宗师处得识大道本原。潜心究学，苦修本体，数十年至今未尝一日间断，已能在肌肤毫发中窥透阴阳之变化，于神意寂静时悟识无我之真实！余追随曹师，觉师传妙理能于平淡中察玄机，可在虚无中参大道！无极太极，其理法真正出于天成；自然而然，凡行功通同循乎被动。效真人之息，松脚可得；欲随心所欲，退力即成。顶戴虚灵，可在一条线上找一致；神意舒展，自于江河海中寻规范。余观曹师，浩然正气常不离乎胸中，传授法理每可见于行迹。余何幸也？学有明师！敢不竭诚尽心致力于正法之延续！虽然，亦不敢以传人自居！沾染大道光辉之一斑，斯愿足矣！

癸巳夏月　受业弟子赵良珠、张伟敬陈

（赵良珠，中国武术六段，河南（开封）培英武术研究会副会长，南阳武协常务理事，现任南阳少林武术研究会会长。张伟，中国武术五段，南阳武协常务理事，现任南阳咏春拳研究会会长。）

跋　二

太者，泰然之意，喻心神；

极者，通达之相，喻体表；

太极者，泰然而至于八荒之极也，亦曰心神泰然、肉体自在。

然八荒岂有极哉?

故拳学之道无止至之境耳。

练功时每一举动，若能先处以泰然之心，自然一切法条理清晰，该当如何作为，了然在怀，不求通达而能通达，心净神明，慧发而道显矣！

乐清倪侠杰跋于甲午仲秋

图书在版编目（CIP）数据

原道：太极拳拳理义解：太极拳典藏. 下 / 曹树人，倪侠杰著．-北京：人民体育出版社，2016
ISBN 978-7-5009-4958-9

Ⅰ. ①原… Ⅱ. ①曹… ②倪… Ⅲ. ①太极拳-研究
Ⅳ. ①G852.11

中国版本图书馆 CIP 数据核字（2016）第 061719 号

*

人民体育出版社出版发行
三河兴达印务有限公司印刷
新　华　书　店　经　销

*

787×960　16 开本　21 印张　329 千字
2017 年 1 月第 1 版　2017 年 1 月第 1 次印刷
印数：1—5,000 册

*

ISBN 978-7-5009-4958-9
定价：48.00 元

社址：北京市东城区体育馆路 8 号（天坛公园东门）
电话：67151482（发行部）　邮编：100061
传真：67151483　邮购：67118491
网址：www.sportspublish.com
（购买本社图书，如遇有缺损页可与邮购部联系）